时代印记

王志艳◎编著

富兰克林

延边大学出版社

图书在版编目（CIP）数据

寻找富兰克林/王志艳编著.—延吉：延边大学
出版社，2013.8(2020.7 重印)
ISBN 978-7-5634-5890-5

Ⅰ.①寻… Ⅱ.①王… Ⅲ.①富兰克林，
B.（1706～1790）—传记—青年读物②富兰克林，
B.（1706～1790）—传记—少年读物 Ⅳ.① K837.127=4

中国版本图书馆 CIP 数据核字 (2013) 第 209708 号

寻找富兰克林

编著：王志艳
责任编辑：孙淑芹
封面设计：映像视觉
出版发行：延边大学出版社
社址：吉林省延吉市公园路 977 号 邮编：133002
电话：0433-2732435 传真：0433-2732434
网址：http://www.ydcbs.com
印刷：唐山新苑印务有限公司
开本：690×960 1/16
印张：11 印张
字数：100 千字
版次：2013 年 8 月第 1 版
印次：2020 年 7 月第 3 次印刷
书号：ISBN 978-7-5634-5890-5
定价：29.80 元

前言

　　历史发展的每一个时代，都会有对后世产生巨大影响的人物，都会有推动我们前进的力量。这些曾经创造历史、影响时代的英雄，或以其深邃的思想推动了世界文明的进步，或以其叱咤风云的政治生涯影响了历史的进程，或以其在自然科学领域中的巨大成就为人类造福……

　　总之，他们在每个时代都留下了深深的印记，烙上了特定的记号。因为他们，历史的车轮才会不断前进；因为他们，每个时代的内容才会更加精彩。他们，已经成为历史长河的风向标，成为一个时代的闪光点，引领着我们后人走向更加深邃的精神世界和更加精彩的物质世界。

　　今天，当我们站在一个新的纪元回眸过去的时候，我们不能不提起他们的名字，因为是他们改变了我们的世界，改变了人类历史的发展格局。了解他们的生平、经历、思想、智慧，以及他们的人格魅力，也必然会对我们的人生产生深刻的影响。

　　为了能了解并铭记这些为人类历史发展做出过巨大贡献的人物，经过长时间的遴选，我们精选出一些最具影响力、最能代表时代发展与进步的人物，编成这套《时代印记》系列丛书，其宗旨是：期望通过这套青少年乐于、易于接受的传记形式的丛书，对青少年读者的成长产生潜移默化的影响，使他们能够从中吸取到有益的精神元素，立志奋进，为祖国、为人类作出自己的贡献。

前言

　　本套丛书写作角度新颖，它不是简单地堆砌有关名人的材料，而是精选了他们一生当中最富有代表性的事迹与思想贡献，以点带面，折射出他们充满传奇的人生经历和各具特点的鲜明个性，从而帮助我们更加透彻地了解每一位人物的人生经历及当时的历史背景，丰富我们的生活阅历与知识。

　　通过阅读这套丛书，我们可以结识到许多伟大的人物。与这些伟人"交往"，也会进一步提高我们的思想品格与道德修养，并以这些伟人的典范品行来衡量自己的行为，激励自己不断去追求更加理想的目标。

　　此外，书中还穿插了许多与这些著名人物相关的小知识、小故事等。这些内容语言简练，趣味性强，既能活跃版面，又能开阔青少年的阅读视野，同时还可作为青少年读者学习中的课外积累和写作素材。

　　我们相信，阅读本套丛书后，青少年朋友们一定可以更加真切、透彻地了解这些伟大人物在每个时代所留下的深刻印记，并从中汲取丰富的人生经验，立志成才。

导　言

Introduction

　　本杰明·富兰克林（1706—1790），美国杰出的民主主义思想家、政治家，开国元勋之一，被誉为"民族之父"；同时，他还是享誉世界的科学家和出类拔萃的外交家，深受美国和世界人民的崇敬与爱戴。

　　富兰克林出生于波士顿的一个贫困的小商人家庭，自幼家境贫寒，只上过两年小学，10岁时便走上谋生创业的道路。但他胸怀大志，刻苦勤奋，在边工作边自学的艰苦生活中积累了丰富的书本知识和社会经验，最终成长为一名在各方面均有重大建树的时代伟人。

　　富兰克林喜欢观察自然现象和研究科学问题。他从实践出发，从事各种科学实验和观察，在电学上解答了"电为何物"的问题，成为电气科学的先驱，为电荷守恒定律的发展奠定了理论基础；在大气电学方面，他还揭示了雷电现象的本质，被誉为"第二个普罗米修斯"。这些在电学上取得的划时代的研究成果使他成为蜚声世界的第一流科学家。

　　与此同时，他在光学、热学、声学、数学、海洋学、植物学等方面也有研究，并发明创造了新式火炉、避雷针、电轮、三轮钟、玻璃乐器、高架取书器、新式路灯等物品。因而，他以仅读过两年小学的学历，被美国的哈佛大学、耶鲁大学，英国的牛津大学、爱丁堡大学、圣安德鲁大学等多所大学授予硕士学位或博士学位。

　　成名之后，富兰克林还在北美殖民地的文化传播和社会福利方面做了大量的工作，先后创建了"共读社""美洲哲学学会""北美科学促进会"、报社、图书馆、医院、大学、消防队、地方民兵组织等学术、文化、医疗卫生、消防、治安组织和机构，并改革了北美殖民地的邮政制度，建立起北美殖民地统一的邮政系统。

更为重要的是，富兰克林还是一位献身于人类进步事业的正义战士。早年，他致力于反对殖民地的专横统治，为北美人民争取正当的权益而斗争；独立战争爆发后，他代表美国出使欧洲，缔结英法联盟，为争取民族独立自由的伟大事业鞠躬尽瘁，对美国独立战争的胜利和美国国家制度的初期建设作出了重大的贡献。

1790年4月17日，富兰克林与世长辞，美国国会决定为其服丧一个月，法国国民议会也决议为他哀悼。这充分表明：富兰克林不仅属于美国，也属于全世界。

本书从富兰克林的儿时生活开始写起，一直写到他所从事的伟大事业及在科学上所取得的辉煌成就，再现了这位美利坚"民族之父"不平凡的一生，旨在让广大青少年朋友了解这位伟大的政治家、科学家坎坷辉煌的人生经历，学习他那种勤奋、坚定、正义及勇为人类解放事业奉献终身的崇高精神。

目 录
contents

时代印记　目录

第一章　伟人的童年

懒惰就像生锈一样，比操劳更能消耗身体；经常用的钥匙，总是亮闪闪的。

——富兰克林

（一）

"富兰克林"这个姓氏，原本是英国十四五世纪时期非贵族的小土地所有者或自由农阶层的称呼。富兰克林家在用这个姓氏时，就已经在英格兰诺桑普敦郡的爱克顿教区生活了。那时候，这个家族与所有的英国人一样，历经了英伦三岛的社会宗教、政治变革中的风风雨雨。

富兰克林家族笃信新教。1553年，英国天主教徒玛丽女王登基，开始残酷镇压新教徒，富兰克林家族不顾生命危险，坚决反对天主教会制度。这样一直到查理二世统治的末期，整个家族一直都信奉英国国教。

富兰克林家族有大约30英亩的自由领地，另外还以打铁作为副业，由每一代的长子继承这一手艺。有籍可考的一代长子汤麦斯·富兰克林出生于1598年，他继承了富兰克林家族在爱克顿的祖宅，也继承了铁匠这一营生。

　　汤麦斯共有4孩子，长子也叫汤麦斯。小汤麦斯虽然身为铁匠，但天资聪颖，努力上进，后来在本教区的大绅士帕莫先生的鼓励下，成为当地一名颇有名望的书记官，曾从镇上到郡中发起过许多公益事业，在教区中受到哈利法克斯勋爵的赏识和赞助。

　　老汤麦斯的次子约翰·富兰克林是牛津郡班布雷村的一名呢绒染匠；第三个儿子名叫本杰明·富兰克林，曾在伦敦学习染丝绸的手艺；第四个儿子名叫约赛亚·富兰克林，是一名印染师。本杰明和约赛亚都曾给兄长约翰当过学徒。在四兄弟当中，本杰明和约赛亚的感情最为亲密，他们后来还改信非国教，并且终生不变。

　　约赛亚生于1655年，没上过多少学，但善于钻研，颇有学识。在他身上，人们可以找到许多英格兰人的优良传统：勤劳、坚韧、善良、忠诚、办事有条理、严谨守信。约赛亚善于思考，在一些重大问题上常常有自己独到深刻的见解。

　　不到20岁，约赛亚就娶了年长自己3岁的玛丽为妻。婚后，妻子为他生育了3个孩子。为了摆脱日渐窘迫的生活状况，也为了躲避复辟后的斯图亚特王朝疯狂的宗教破坏，约赛亚将目光由世代相袭的祖居地转向大洋彼岸的北美新大陆。

　　1683年夏末秋初，约赛亚带着妻子和3个孩子漂洋过海，迁居到新英格兰的波士顿城生活。

　　波士顿是由首批在此登陆的英国清教徒于1630年建立的，因英国林肯郡的波士顿而得名。清教徒在英国国内获胜后，波士顿与伦敦之间的人员和贸易往来密切，逐渐发展成为英属北美最大的城市。

　　波士顿三面环海，与大陆仅以一段不太宽的陆桥相连，是马萨诸塞的政治、经济和文化中心。英国国王詹姆斯二世为了加强对各个殖民地的集中统治，遂将马萨诸塞、康涅狄格、新罕布什尔和罗德艾兰合并为新英格兰，并于1686年任命安德洛斯为该殖民地的总督。由于总督署设在波士顿，因此这座城市也渐渐百业俱兴，面貌焕然一新。

来到波士顿后，约赛亚发现自己的染色业生意清淡，难以维持生计，便改行经营肥皂和蜡烛制造业。由于肥皂和蜡烛销路很广，利润也相当可观，约赛亚又头脑灵活，所以生意也算红火，不久他就成为这座城市中小有名气的商人了。

约赛亚可以称得上是多才多艺，除了本行以外，即使其他行业的工具他也能一看就会。但他最大的长处是深明事理和判断果决，所以，尽管他店务缠身，没能担任过地方上的公职，但家中却经常有当地的领袖人物前来拜访，征询他对于镇上和所属教会事务的见解，一些个人生活遭遇困难的人也非常愿意倾听他的意见和忠告，他还经常被选为争执双方的仲裁人。

在家中，约赛亚也经常邀请一些朋友或邻居来做客，与他们讨论一些社会话题，并有意地就一些有益的话题展开辩论。通过这些，约赛亚的孩子们的智力也获得了增长，并将注意力转到处世为人善良、正直上来。

遗憾的是，约赛亚赚的钱不少，可无奈家中花销太大了，以算术级增长的收入很快就会被以几何级增长的人口吞噬掉了。

在来到波士顿后，约赛亚的妻子玛丽又生了4个孩子，但其中的两个儿子都未能活过半个月。更加不幸的是，在生下第七个孩子后，玛丽因为产褥热而撒手人寰。

半年后，约赛亚又迎娶了22岁的阿拜亚·福格尔为继室。

阿拜亚·福格尔的父亲彼得·福格尔是新英格兰最早的移民之一，在波士顿是一位很有名气的教师和土地测量员。在良好家庭环境下成长起来的阿拜亚也是一位富有教养的女性。她贤惠善良，深明事理，性格坚毅。在与约赛亚结婚后，她就成了丈夫的贤内助和孩子们的好母亲。

再婚后，约赛亚与阿拜亚又先后生育了10个孩子。本杰明·富兰克林是他们最小的一个男孩。

（二）

1706年1月17日，随着一声清脆的哭声，约赛亚家中的第十五个孩子诞生了。这个男孩也是约赛亚最小的儿子——本杰明·富兰克林。

当约赛亚喜闻妻子又为他生了一个儿子后，他完全没有意识到，这个孩子日后将会成为享誉世界、流芳百世的伟人，他只是用他最爱的哥哥的名字为这个可爱的儿子取名为本杰明。

小富兰克林长得非常漂亮，大大的眼睛忽闪忽闪的，棕黄色的头发卷曲着，一家人都十分喜爱他。几乎还在襁褓之中，母亲阿拜亚就开始对富兰克林进行启蒙教育。母亲那温柔而充满深情的话语，给了他最初的人生启迪；母亲那慈爱友善的笑容，铸就了他仁爱慈善、宽广博大的胸怀；母亲那灵巧勤劳的双手，赋予了他勤奋努力的意志和秉性。

多年以后，当富兰克林在回忆母亲时，曾无限感慨地说：

"在我的心目中，她永远都是一位天使。"

富兰克林不知道父亲年轻时是什么模样，因为他出生时父亲已经年届五旬。岁月的侵蚀，已经令父亲的两鬓开始斑白，脸上也布满了皱纹，但父亲性格开朗，充满了活力和激情，没有被家庭的繁重拖垮。

在家中，父亲既是一家之主，又是孩子们的老师和朋友。由于经济拮据，他没有能力为所有的孩子提供上学的机会，但他却自己摸索出一种独特的教育方式来教育孩子们，那就是经常邀请一些学识渊博且擅长辞令的朋友来家中聚会交谈，交谈的内容涉及哲学、宗教、教育等多个方面，孩子们被允许在旁边倾听，并可以参与其中，发表意见。约赛亚希望通过这种方式，能在一种学术氛围中陶冶孩子们的情操，开发他们的智力。

由于孩子众多，用餐时便成为家中最热闹的时刻。父亲约赛亚亲手制作了一张特大的餐桌摆在房间中央，几把椅子被冷落在一旁，孩子们在用餐时都站在餐桌的四周，以便可以伸手够到距离自己最遥远的盘子中的食物。一日三餐即便安排得再丰盛，也会被孩子们一扫而光。他们对于食物的味道和质量毫不挑剔，父母也从来用不着为剩余的食物发霉变质而发愁。

在众多的兄弟姐妹中，富兰克林最钦佩的是哥哥乔赛亚——一名在大海上与风浪搏击的海员；最喜爱的是小妹妹简，她拥有一双像绿宝石一样纯洁无瑕的大眼睛。但童年时留给他印象最深的，还是父母那美妙动听的歌声。父亲的歌声激越深沉，茶余饭后，他经常会用他那优美的男中音唱赞美诗和古老的英格兰民歌；母亲则会用她那低柔圆润的嗓音在一旁伴唱。十几个孩子都坐在一旁，动情地听着，有时也会轻轻地随着一起唱，纷纷陶醉在美妙的音乐世界中。

由于是家中最小的男孩，富兰克林有幸在8岁那年被送到一所法语学校读书。而此时，他的其他哥哥们都已经早早地当了各种行业的学徒。

也许是血管中流淌着从祖辈那里继承来的好学上进的血液，也许是受到聪颖多思的父母的熏陶，小富兰克林在学校读书不到一年，就从一年级的中等生跃为全年级的学习冠军，并提前升入了二年级。

这种情形让约赛亚的朋友们纷纷称赞这个孩子将来一定会成为一名学者。这时，约赛亚的哥哥本杰明也来到了波士顿，他认为弟弟为这个聪颖的侄儿选对了人生道路。

可是不久，约赛亚就改变了主意，因为家庭的负担让他不得不考虑到儿子上学所花费的高昂学费，况且他认为许多受过高等教育的人最终都是穷困潦倒，没什么出息。所以犹豫再三，他还是将小富兰克林转到了一所写算学校（相当于中等的专科学校）就读。

在那里，聪明的小富兰克林练就了一手好字，但算术却没什么进步，考试成绩糟糕透顶。有鉴于此，在10岁时，小富兰克林便被父亲领回家，从此不再上学了，在家中跟随父亲学习剪烛心、浇灌烛模等，并顺便照顾店铺，做做打杂跑街的活计。

（三）

虽然被迫中止学业，但短暂的学校生活已经点燃了富兰克林那旺盛的求知欲，读书也成了他人生的第一精神需要。没有老师的指点，他就自学；白天要帮父亲做事，没有时间，他就在晚上店铺打烊后学习。

这个时期小富兰克林读的书种类繁多，涉猎的范围也很广泛，既有长老会教的教义，也有从各处搜集来的小册子和通俗读物，还有一些名家的作品，内容涉及政治、科技、文学、法律、宗教等多个方面，如笛卡尔的《哲学原理》、约瑟夫·艾迪逊的《观察报》、普鲁塔克的《名人传》、色诺芬的《苏格拉底回忆录》等。虽然阅读时似懂非懂，有些字也认不全，但这些图书还是对富兰克林的思想起到了重大的启蒙作用，对他的人生坐标定位也产生了深远的影响。正如他在自己的回忆录中所说的那样：这些书籍"对我的思想可能起到了转折性的作用，影响着我日后生活的某些大事"。

对于精力旺盛又富有求知欲的小富兰克林来说，白天简单而枯燥的机械劳动与服苦役没什么两样。他所企盼的，是一种带有创造性和刺激性的工作。因此，这一时期他又迷上了航海，一心向往着自己将来能去航海。

每天一有闲暇，小富兰克林就与邻近的小伙伴们一起到水里或水边去玩耍。他很早就学会了游泳和划船，当孩子们一起划小船玩耍时，常常都是他来做指挥，在遇到困难时更是如此。

然而，这位小首领的稚气有时也会将小伙伴们带入窘境。

在镇上有一座水磨，附近有一片咸水沼泽。当水比较深时，孩子们就常常站在泽边钓鱼。日子一长，这里就被踩成一片烂泥地了。

富兰克林见状，就向小伙伴们提议说，他们可以一起用那些堆在不远处的石块修筑一个便于站立的坞台。可是，那些石块是用于在泽畔盖新房的，孩子们也都知道。但在兴头上，大家根本不理会这些。等到盖房工人离去后，孩子们便开始了他们的工程。

孩子们一起把石块一块块地搬过来，干得汗流浃背，但却都兴致勃勃。最后终于搬光了所有的石块，建筑成自己的钓鱼台，然后高高兴兴地回家了。

第二天一早，工人们过来干活时发现石块都不见了，四处寻找，结果发现石块已经变成了一座钓鱼台。

很快，搬走石块的孩子们都被一个个查出来了，也都受到了大人的责骂。富兰克林向父亲辩解说，这是一桩有益的事；可父亲却教训他说，不诚实的事是不会有益的。这也许是富兰克林一生中所发起的、主持过的众多公益事业中的第一项，它虽然以不体面的失败告终了，但父亲的教训却令他受益终生。

不过，看到小儿子心灵手巧，富有创造性和冒险性，约赛亚还是感到很欣慰。但看到儿子对大海的那种痴迷，他又感到有些担忧。他担心小儿子也会像哥哥乔赛亚一样，一出海便杳无音讯；又担心他好高骛远，在不着边际的幻想中耽误了前程。于是，他暗下决心，一定要让儿子学会一些为社会所需的真实本领，不要天天被不切实际的幻想所困扰。

随后，约赛亚便带着小富兰克林穿大街走小巷，寻访了各种木匠、瓦匠、刀匠等行当，观察他们的技术，以便了解儿子心中的职业倾向。经过一番考察后，约赛亚发现小富兰克林对机械制作比较感兴趣，经常自己钻研制造出一些稀奇古怪而又充满智慧的东西。为此，约赛亚特地打发小富兰克林跟随哥哥本杰明的儿子萨穆尔学过一段制刀业。这些经历，让富兰克林对各种零活都有了切身的体会，并在家里做了一些小小的机械实验。

但约赛亚发现，儿子还是最喜欢读书。从辍学后，富兰克林把父亲的大部分藏书都阅读了一遍，并把自己的一点零花钱都用在了买书上。他买的第一部书是分数册出版的《约翰·班扬集》，其中的《天路历程》是他最喜欢的一本书。后来，他又从小贩手里买来柏顿的历史文集。他还阅读了笛福的《计划论》、科顿·马德的《为善论》等。

为了不辜负儿子喜欢读书的志向，父亲约赛亚最终决定让小富兰克林做了一名印刷工匠。虽然小富兰克林一直热切地希望能去航海，但比起制作肥皂蜡烛来，他还是更喜欢印刷业。因而，在抗拒了一段时间后，富兰克林服从了父亲的安排，到哥哥詹姆斯的印刷所里当起了一名学徒工。

第二章 "不务正业"的印刷工

　　我未曾见过一个早起、勤奋、谨慎、诚实的人抱怨命运不好；良好的品格、优良的习惯、坚强的意志，是不会被假设所谓的命运击败的。

——富兰克林

（一）

　　詹姆斯比富兰克林大9岁，早年曾在伦敦学习印刷技术，学成后购买了印刷机和铅字返回到波士顿，开办了一家印刷所。

　　富兰克林遵从父亲的决定，并且还按照当时的惯例与哥哥签订了正式的师徒合同，由父亲作公证人。合同规定，富兰克林自签约之日起，以学徒的身份跟随哥哥学习印刷技术，并为詹姆斯的印刷所服务，直至年满21周岁为止。在学徒期间，他必须忠实地服从师傅，保守秘密，执行命令，并且不得酗酒、赌博、缔结婚约等，所有言行都要忠实于师傅。同时，师傅应指导学徒学好技术，向学徒提供饮食、住宿及其他生活必需品。约赛亚还为小富兰克林交纳了10英镑的学费，母亲则花了几个晚上为他缝制了崭新的工装——一件褐色的皮围裙。

　　就这样，一纸契约将兄弟二人的关系变成了师徒。这位未来共和国的缔造者，从12岁起就开始了自食其力的生活。

詹姆斯是个事业心和责任感都很强烈的人。他以师傅的身份严格管教约束自己这个聪明的小弟弟，其严厉程度近于苛刻。不过，学习印刷技术对富兰克林来说并不难，他很快就精通了铅字排版、油墨印刷和装订切裁等基本工艺，还不断自己钻研思考，对设备和工艺等进行改造。

当时，仅有1.2万人的波士顿已经有几家印刷所了，所以开始时詹姆斯的生意并不太好做，他只能印一些宗教宣传品和为数不多的教科书等。

到1719年，詹姆斯揽到了印刷《波士顿邮报》的业务，前后一共印过40期。1721年8月，他又办起了自己的报纸《新英格兰报》，印刷业务也开始稳步发展起来。这时，心灵手巧的富兰克林已经掌握了印刷技术，成为哥哥的得力帮手。

不过，在学习印刷技术的同时，富兰克林也没有荒废自己的学习。十三四岁正是充满诗情画意的年龄，热爱文学的富兰克林又迷上了诗歌，梦想自己长大后可以成为一名大诗人。因此在工作之余，他开始冥思苦想，用稚嫩的语言写出了一些自以为很不错的诗句，还拿给伯父本杰明看。本杰明对富兰克林的诗句大加赞赏，还把自己以前写的诗作手稿送给富兰克林。

但父亲约赛亚却不赞成富兰克林写这些"没用的东西"。他告诫富兰克林说："诗歌需要鲜明的节奏、和谐的韵律以及美妙的意境，没有深厚的生活底蕴，写出来的东西不是哗众取宠，就是无病呻吟。"

所以，约赛亚劝儿子放弃做诗人的打算。在父亲的点拨下，富兰克林的创作冲动便转向了散文。散文题材广泛，形式灵活，是一种十分实用的文体，一些著名的作家都是从散文开始起步的。富兰克林又开始不间断地进行散文习作，用一种淳朴自然的文风将自己的思想感情付诸于笔端。

日后，富兰克林成长为一名著名的文学家和社会学家，在一定程度上与他那措辞优美、逻辑严密而又活泼流畅的文笔有很大的关系。多年后，他在自己的自传中承认：

"散文创作在我的一生中起着极大的作用，它是推进我进步的最基本的方法。"

（二）

在当时，星期天是大家进教堂做礼拜的日子。对这一规矩，约赛亚一家一直都严格遵守。但哥哥詹姆斯除了在工作上对富兰克林管得严厉之外，对祈祷之事并不怎么上心。于是，每个星期天就成了富兰克林尽情读书的日子。

由于受新兴宗教观的影响，再加上他的特殊生活方式，富兰克林渐渐成为一名自然神论者。也就是说，他承认上帝的存在以及上帝创造万物和人类的决定性作用；但他认为，世界既然已被造就，上帝就不再干预自然进程和人类行为了，人类及宇宙万物也应自行按照自然法则运行。

事实上，富兰克林这种观点就是一种隐蔽的无神论，是当时新兴资产阶级进步的宗教观。对于这种观念，约赛亚是难以容忍的。但等他发现后，对儿子已经感到无能为力了。

其实，富兰克林并不是反对做礼拜，而是更相信自己的悟性。他希望通过读书和思考可以更加深入地了解世界，探索人生。因此，他也抓紧一切时间锲而不舍地学习。

在艰苦的自学中，富兰克林不仅掌握了在学校期间没有学好的数学，还自学了法语、西班牙语、拉丁语、意大利语等。更重要的是，通过阅读，他开阔了视野，增长了才干，并在此基础上逐渐确立了自己的人生奋斗目标，那就是做一个善良正直的人，成就一番对人民有益的事业。

在哥哥詹姆斯的《新英格兰报》办起来之后，富兰克林便跃跃欲试。他的内心充满了创作的激情，想自己写一些散文发表到报纸上，可又担心遭到哥哥的拒绝。于是，他想来想去，终于想出了一个万全之策。

1722年4月2日，《新英格兰报》上刊登了一篇署名为"沉默的多古德"的散文。这篇文章向读者讲述了一个名叫多古德的人坎坷的人生经历：她出生在一艘来自新英格兰的船上，父亲死于航行的途中，全靠母亲艰难地将她养大。后来，她跟随一名善良博学的牧师学习写作、计算和缝纫技术，又与这位恩人结为眷属。但不幸的是，在生下3个孩子后，多古德又成了寡妇。

这篇散文构思精巧，文笔流畅，宛若一首凄婉动人的抒情诗，在平铺直叙之中向读者展示了世间的许多美好的品德。

作者还通过该文的主人公多古德说出了一段发人深省的话：

> 我仇恨罪恶，以美德为友；我主张博爱，宽恕个人的伪善。我真诚地热爱丈夫和所有的人，与专制政府和集权为敌。……为了将来，我要扫除一切阻碍我为同胞效力的障碍。

文中多古德夫人的命运引起了读者普遍的关注和讨论，尤其是那段震撼人心的话语更是引起了广大读者的强烈共鸣。人们相互传阅，以先睹为快。哥哥詹姆斯和朋友们也都对多古德的文章大加赞赏，这不仅因为文章的内容具有深刻的社会意义，更因为文章的成功增加了报纸的销量，为印刷所带来了经济上的实惠。

但是，他们并不知道多古德这个人到底是谁，因为当时许多撰稿者都用笔名，而且这篇文章又是从门缝中悄悄塞到印刷所里来的。显然，多古德肯定是不希望人们知道他的真实身份。

此后，这样的事情发生了许多次，署名为"沉默的多古德"的稿件也都被一一采用了，刊登在《新英格兰报》上。最后，直到《哈佛学院之梦》一文发表后，多古德的真实身份才被揭穿。这是因为其中的一段话引起了詹姆斯的注意，这段话是这样写的：

> 贫穷和财富把守着学院的大门，"学问"坐在一个高高的宝座之上，只有一步步通过艰难的台阶，才能最终到达那里。无数人倚仗父母的钱财和权势架桥铺路，艰难地踏入了"学问"的盛典，最终学会了"如何保持自己的优雅姿势和绅士派头"，然后"仍然像个傻瓜一样原路返回，变得更加狂妄自大，自命不凡"。

这是伊索笔下吃不到葡萄的狐狸的感受，实在与多古德的寡妇身份不相符。这分明就是富兰克林对不能进入高等学府所表露出来的愤怒和遗憾，也是对那些缺乏真才实学却徒有虚名的"学者们"的一种嘲讽和抗议。

詹姆斯终于发现了秘密所在，他马上找到富兰克林质问。在哥哥的严厉逼问之下，富兰克林终于吐露了实情——"沉默的多古德"就是自己。

詹姆斯认为自己受到了富兰克林的欺骗和愚弄，因此恼羞成怒，甚至动手打了富兰克林。但富兰克林从小就养成了一种不屈不挠、顽强坚毅的性格，从不向任何暴力和强权低头。他不认为自己这样做有什么错，因此这点皮肉之苦是不能熄灭他内心那种追求正义和真理的希望之火的；相反，这种刺激反而更加激励他勇往直前，与专横愚昧、暴虐偏见作斗争的勇气。

（三）

《新英格兰报》自从1721年8月7日创刊以来，刊登的通常都是一些思想激进的文章。这些文章对世事尖刻的批评和嘲讽使广大民众都纷纷拍手称快，但却激怒了当地的权势阶层，引起了地方当局的注意。

1722年6月11日，《新英格兰报》刊登了一篇虚构的从新港寄出的信，信中称有人看到海盗在那一带海域出没。文章刊出后，马萨诸塞参事会便以蔑视当局为借口，下令逮捕了詹姆斯，并将他投入到波士顿的石筑监狱。他们还把富兰克林抓去严加逼问，但富兰克林不为所动，没有被淫威吓倒。不久，他就被释放了。

一个月后，波伊尔斯顿医生为詹姆斯出具了健康证明，称詹姆斯的健康因监禁受到了损害。这样，被疾病缠身、形销骨立的詹姆斯才被释放出来。

在哥哥詹姆斯被关押的一个多月中，富兰克林独自继续出版《新英格兰报》。而且，哥哥的入狱也让富兰克林进一步看清了专制暴政的丑恶嘴脸，也更加坚定了他为民主自由而斗争的决心。

在这段日子中，他的第八篇署名为"沉默的多古德"的文章标题为《一篇伦敦杂志的摘要》，文中也写出了他的心声：

> 没有思想的自由，就没有智慧；而没有公众自由，就没有言论自由。这是每个人的权利。正是由于这种权利，才不能损害或控制他人的这一权利……谁要颠覆一个国家的自由，必先压制言论自由。
>
> ……一段日子以来，我有这样一个问题：对一个州来说，危害更多的是虚伪地声称忠实于宗教还是公开地亵渎神圣。但是，最近的一些这种性质的思想让我倾向于认为两者中伪君子更为危

险，尤其是如果这个人还占据着政府的职位的话。……如果在新英格兰我们有了或像是有了这样的例子，我们只有这样做才能最好地证明我们对宗教和国家的爱，那就是：把骗子们暴露在光天化日之下，使受骗者醒悟过来！

很显然，富兰克林在通过这样的方式极力支持自己的哥哥。

詹姆斯出狱后，并没有改变初衷，《新英格兰报》在舆论界独树一帜的面貌依然如故。1723年1月14日，报上发表了一篇更加严厉的文章，其中写道：

"有不少人看上去比一般人更信宗教，但在几件事情中却比那些声称一点也不信教的人恶劣得多。"

这一下又捅了马蜂窝，马萨诸塞参事会再也不能容忍詹姆斯的报纸了。他们马上下令"禁止詹姆斯·富兰克林继续出版《新英格兰报》或其他任何此类性质的文件或小册子，除非事先经过本省秘书的检查和同意"。

在这种严峻的形势下，詹姆斯和朋友们举行了一次会议，商讨下一步应该怎么办。最后经过协商，大家认为可以以本杰明·富兰克林的名义继续把报纸办下去。为此，他们还商定将当初签订的师徒合同还给富兰克林，并解除合同规定的一切业务以不引起州议会的非难。同时，为保障詹姆斯作为实际老板和师傅的权益，双方又另外签订一份新的合同，但这份合同不予公开。

就这样，《新英格兰报》开始以小富兰克林的名义继续发行。这一时期，富兰克林主编的《新英格兰报》办得十分红火，在波士顿街头成了抢手的报纸，供不应求。

两兄弟在与殖民当局作斗争时心心相印，然而在日常工作和生活中性格却是格格不入，现在又牵扯到利益，积怨和矛盾也日渐加深，最终达到不能相容的地步。

富兰克林想趁新契约签订之时摆脱哥哥的控制，另谋出路，但詹姆斯却一直视弟弟为普通学徒，应当像其他学徒一样为自己服务。因此他多方游说，致使小富兰克林在外面求职无门。

在以后的几个月里，富兰克林经常利用旧合同已作废的事实来维护自己的自由和权益，这更加激怒了詹姆斯。对此，富兰克林在多年后也承认自己当时利用哥哥的不利处境来摆脱自己的学徒身份是"趁火打劫"，但这种做法始于哥哥对自己的苛酷。他说：

"我想，哥哥对我的粗暴专横也许是令我在后来的一生中对独断专横的强权怀有强烈反感的原因之一。"

富兰克林感到自己在波士顿已经待不下去了，决定到外面的世界闯荡一番。他打听到480多千米以外的纽约有一家印刷所，便想到那里看看。但公开离开波士顿是不行的，因为在富兰克林提前离开哥哥的印刷所这件事上，父亲肯定是维护哥哥的权益的，所以也必然会阻止他离开。要走，他也只能偷偷地走。

富兰克林与好友柯林斯说了自己的打算，柯林斯很支持他，并帮他找了一只前往纽约的帆船。柯林斯告诉船长说，他的一个朋友因为令一个不正经的女孩怀了孕，女孩的亲友逼着他们结婚，所以他的朋友不能明目张胆地上船离开此地。船长是个很好说话的人，他答应可以让富兰克林悄悄上船。

就这样，17岁的富兰克林揣着变卖一部分书籍凑到的一点钱，于1723年9月底离开波士顿。3天后，他到达了纽约。

第三章 外出闯天下

　　我们在享受着他人的发明给我们带来的巨大益处，我们也必须乐于用自己的发明去为他人服务。

——富兰克林

（一）

　　纽约州位于赫德逊河的河口地带，是新大陆最早开发的中心地区。1664年，英国人占领了这里，并以英格兰的约克郡重新命名，按当时的习惯被称为"新约克"，即纽约（New York）。

　　纽约城里的居民大部分是来自荷兰、英国、法国和芬兰等欧洲国家的移民，因此各种民俗风情十分丰富。富兰克林刚刚来到纽约，一切都感到那么陌生。为了尽快找到工作，他径直去了事先问好的那家印刷所，找到那里的老板威廉·布拉福德。

　　布拉福德原本是宾夕法尼亚州第一家印刷所的老板。几年前，他将那里的店铺留给儿子经营，自己来到纽约又开了一家印刷所。

　　在听说富兰克林的来意后，布拉福德称他这里的生意不多，人手也已经足够了，因此不能再雇用富兰克林。但他表示，他的儿子安德烈在费城的印刷所需要一个得力的帮手，如果富兰克林愿意去费城的话，安德烈也许会雇用他。

布拉福德的话让富兰克林再次燃起了新的希望。随即，富兰克林便离开纽约，前往距离纽约161千米外的费城。

从小到大，富兰克林都对大海充满了向往，然而这次赴费城的海上之旅却让他尝尽了苦头。在航行中，富兰克林乘坐的船遭遇了大风暴。在惊涛骇浪之中，航船就像是一只纸做的玩具一样，在海浪的拍击下忽高忽低。头晕、恶心、呕吐以及从未有过的恐惧感让富兰克林痛苦万分。

忽然，一个巨浪扑来，将航船一下子抛向礁石，船身在轰然巨响中被撞得七零八落，富兰克林和其他十几名乘客拼死爬上礁石才幸免于难。

大家都眼巴巴地望着海面，希望能有船只来搭救他们。可礁石的周围全是荒漠，很难看到人烟。这里还没有淡水，没有食物，大家的内心都被死亡的恐惧笼罩着。

幸运的是，富兰克林从一位乘客那里发现了一本约翰·班扬的《天路历程》。这本书竟然成了他在孤岛上排除恐惧和饥饿的一剂良药，陪伴他度过了人生中的一个艰难时刻。

两天后，一艘过路的商船发现并搭救了他们，并将他们送到安柏伊。富兰克林不顾旅途的劳顿，又冒着瓢泼大雨赶往伯灵顿，据说在那里有船可以搭乘去费城。

到了中午，浑身湿透、疲惫不堪的富兰克林终于到了伯灵顿，暂时找了一家小旅店住下来。由于外表狼狈不堪，他甚至被人们怀疑是私自逃出来的佣仆。

第二天，富兰克林赶到距伯林顿13千米的地方，准备在那里乘船。当晚，他又找到一家客栈住下。这家客栈的主人是布朗医生。他在与富兰克林聊天时，称欧洲许多国家的主要城镇都不大信教。他见富兰克林读过一些书，对富兰克林更加友好客气。自此，两个人便成为忘年交，一直到布朗医生去世。

在伯灵顿，富兰克林乘船顺河西下，终于在一个星期日的早晨到达了费城。

（二）

一路的风尘仆仆让原本长相俊秀的富兰克林变成了一个邋遢汉：身体瘦弱，衣衫褴褛，还沾满了污垢，面容憔悴肮脏，就连那双原本明亮的眼睛也蒙上了一层红红的血丝。

这时，他的行李袋已经托付给邮局寄送了，什么时候收到还不知道，所以也没有干净的衣服可以换。不过，眼下最要急的不是整理仪表，而是填饱他那饥肠辘辘的肚子。

由于地域不同，物价自然也不同，富兰克林拿出3个便士去买面包，结果店主却塞给他3个像16开本的书那么大的长面包，让他惊讶不已，因为这点钱在波士顿只够买一小块薄饼的。

富兰克林风卷残云一般地吞下一个大面包，顿时感到口渴难耐，于是鼓起勇气敲开了面包店旁边的一户人家的大门，想要讨一碗水喝。

开门的是一位美丽秀气的姑娘，穿着紫色的长裙，高高盘起的发髻简洁雅致，几缕秀发飘在发鬓两边，显得温柔端庄，富兰克林不禁怦然心动。

姑娘被眼前这个形如乞丐的小伙子吓了一跳，看清"真相"后又忍俊不禁。富兰克林长这么大从没与女孩子有过深交，第一次如此近地面对一位美丽动人的姑娘，自己又这么狼狈，使他不由腼腆地低下头，窘得手足无措。他实在不好意思被姑娘看到自己这副尊容，匆匆问路后便逃之夭夭了。

富兰克林一口气跑到路旁那条清澈的小溪旁，用手捧起溪水狂饮了一通，然后又用水洗了洗自己涨红的脸。

这位令富兰克林怦然心动的姑娘，就是他以后的初恋情人和终身伴侣德布拉·里德。

费城是宾夕法尼亚殖民地的首府，这块殖民地的创始人小威廉·佩恩是战功卓越的英国海军上将威廉·佩恩的儿子。1681年，复辟王朝君主查理二世签署特许状，将这一大片土地赠送给他，以偿还欠他父亲的1.6万英镑的款项。

费城是个很美丽的城市，这里几乎可以称得上是林木的海洋，河流两岸绵延覆盖着郁郁葱葱的树林，林地中有大片绿草如茵的草地，其间盛开着各种各样美丽的鲜花，可谓草木苍翠，景色迷人。

不过，富兰克林此时可没有心情欣赏这城市中的美景，他想快点找个地方休息一下。这时，他发现街上有许多衣饰整洁的人都在向同一个方向走去，富兰克林也跟在他们后面，被带入一所教友会信徒的大会堂，然后他又跟着大家一起坐下来。他四下看了看，还没等到有什么人说话，便沉沉地睡去了。直到有人好心地叫醒他，他才知道散会了。至此，富兰克林在吃过了他在费城的第一顿饭后，又在费城睡了第一觉。

离开会堂后，富兰克林忙向一位面色和善的年轻教友会信徒打听哪里有外地人可以住宿的旅店，从而被引到水街的"曲棒"旅店住下。在这里，他不顾店里人那充满狐疑的目光和询问，兀自吃了一顿饱饱的午餐，然后一直酣睡到第二天清晨。

起来后，富兰克林精心地梳洗打扮一番，然后便前往安德烈·布拉福德的印刷所。幸运的是，他在印刷所里同时遇到了布拉德福父子两人。

原来，威廉·布拉德福已经骑马从纽约赶到这里了，因为他非常希望儿子能够留下富兰克林这个才华横溢的年轻人。不过，安德烈并不像他的父亲那样，他的眼睛只盯着有钱有势的上层人物，对平民百姓总是不屑一顾，因此当富兰克林来到这里后，他丝毫没有流露出要雇用富兰克林的意思。

这让富兰克林有点沮丧，不过他一向讨厌与这种市侩小人打交道，因此也暗自庆幸。布拉雷德老人感到很抱歉，他只好领着富兰克林到附近新开业的凯姆印刷所试试运气。

（三）

凯姆印刷所的老板塞穆尔·凯姆是个自命不凡的家伙，他长着胖胖的身躯，硕大的脑袋，满脸长满了大胡子，邋里邋遢，不修边幅。他对自己的工作从没有满意过，总是抱怨自己怀才不遇，但他又活得十分乐观潇洒，因为他总是沉湎于发财的梦想之中。

到了50岁后，塞穆尔才想起要干点实事，于是开了一家印刷所。尽管他对印刷技术一窍不通，但他却立下宏愿：要与安德烈·布拉德福的印刷厂决一雌雄，独霸费城的印刷业。

当老布拉德福带着富兰克林来到凯姆印刷所后，塞穆尔让富兰克林到机器上操作一下。这对富兰克林来说简直是小菜一碟。看到富兰克林操作熟练，印刷排字更是样样精通，塞穆尔非常满意，感觉这简直是打着灯笼都难找的好帮手，当即表示愿意雇用他，但工资却压得很低。

21

　　此时的富兰克林也没有太高的要求，只要能让他有个安身之所，有一份适合自己的工作就可以了。因此，他爽快地就答应了塞穆尔的要求。

　　在观察了安德烈和塞穆尔的两家印刷所后，富兰克林发现塞穆尔的印刷设备破旧。在两位老板中，安德烈·布拉德福是半路出家从事印刷业，而且文化水平很低；塞穆尔虽然有些学识，但只会排字，不懂印刷。为这样的老板工作，富兰克林对自己的技艺当然是充满信心。

　　塞穆尔自己有一所住宅，但里面是空的，没有任何家具。为了安置富兰克林，他便在自己的房东里德先生那里为富兰克林找了一间房子暂住。

　　等富兰克林搬到塞穆尔为他找的房子后，他惊讶地发现：这间房子竟是他初到费城那天啃着面包经过的那家屋宅，而那天站在门口看到他的狼狈模样的姑娘，竟然是房东里德先生的女儿里德小姐。当然，富兰克林的行李已经到了，现在他的仪表也不再像几天前那么狼狈不堪了。他这时还没有想到，这位里德小姐后来竟然成为他的终身伴侣。

　　就这样，富兰克林在费城安顿下来，并且还找到了一份自己喜欢的工作。白天，他在塞穆尔的印刷所主要负责排版印刷和裁切装订等工作，除此之外，他还要负责店里的各种杂务。直到天黑，他才能回到自己的小家，吃一些简单的饭食后，开始阅读那些自己喜欢的书籍。

　　费城的冬天十分寒冷，富兰克林住所里那破损的壁炉必须靠在跟前不断添柴才能感到一丝温暖。但富兰克林看书一入神，就常常忘记添柴，这令他住所中的温度与外面几乎相差无几。

　　在这种艰苦的条件下，富兰克林不仅锻炼了自己的意志，开阔了眼界，增长了才干，而且还沉淀了坚实的生活底蕴，消化吸收了许多前人留下的丰富文化遗产和精神食粮。

　　富兰克林一向生活节俭，加上费城的物价比较便宜，所以虽然工资不高，他还是攒了一些钱，买了许多以前买不起的书籍。通过买书读书，富兰克林又结识了一些笃学好志的青年朋友，如奥斯本、沃森等，尤其是立志要成为诗人的拉尔夫。他们经常在一起交流学术思想和人生体验，这让富兰克林受益匪浅。

另外，让富兰克林感到更加惬意的，就是他第一次有了自己的心上人，那就是德布拉·里德小姐。她天资聪颖，端庄大方，而且心地善良，勤快能干，虽然从未进过校门，但却读了不少书，还写得一手漂亮的文字。

里德小姐的父亲是一名地产商，刚刚去世不久；她的母亲里德太太勤劳朴实，靠出售一种治疗皮肤病的祖传成药养家糊口。

通过几次交往，里德小姐深深地被富兰克林的风采和幽默所吸引。富兰克林思维敏捷，胸怀大志，明亮的眼睛里常常会流露出一种坚强不屈的神情，浑身都散发着一种成年男子才有的阳刚之气。两个年轻人的心在逐渐靠近。

在费城，富兰克林的日子过得虽然艰难，但却惬意而自由。对于波士顿的家人们，他严守自己行踪的秘密，只给好朋友柯林斯一个人写信，而柯林斯也始终为富兰克林保守着秘密。

转眼一个冬天就过去了。可就在这时，一件偶然的事情打破了富兰克林与家人隔绝的状态，令他不久后便返回了故乡波士顿。

富兰克林小时候，家境比较贫困，他从小就知道钱很重要，但却不知道如何去使用它，因为家里根本没有多余的零花钱给他用。7岁时，一个朋友送给他一枚铜币，他高兴地跑到外面的玩具店买了一只期盼已久的哨子，于是，大街小巷都响起了他那高亢刺耳的哨声。可后来哥哥告诉他，他买这个哨子至少多花了3倍的冤枉钱，富兰克林感到非常后悔，反思的懊悔远远超过哨子带来的快乐。这时，他才懵懵懂懂地了解一些关于钱的事：钱可以让人享受快乐，也能捉弄人。

第四章　年轻的帮工

今天乃是我们唯一可以生存的时间。我们不要庸人自扰——或为未来的漫无目的而苦闷，或为昨天的过去而伤怀——而使它成了我们身体上和精神上的地狱。

——富兰克林

（一）

1724年4月初，富兰克林忽然接到姐夫的一封来信。姐夫罗伯特·霍姆斯是一条商船的船长，经常在波士顿与特拉华之间航行做生意。他在无意中打听到富兰克林的下落，便给富兰克林写了一封信。在信中，姐夫告诉他，由于他的不辞而别，父母焦急万分，甚至常常以泪洗面。因此，姐夫劝富兰克林马上返回家乡。

接到姐夫的信后，富兰克林非常难过。对父母的愧疚，对家人的思念以及在外面漂泊所遭遇的艰辛，不知不觉一齐涌上心头。但是，为了不让家人担心，他在给姐夫的回信中只字未提自己所遭受的痛苦，只是向姐夫解释了自己出走和留在费城的原因，并且在字里行间向姐夫暗示，在这件事上自己并没有做错。

当霍姆斯收到富兰克林的这封信时，恰好宾夕法尼亚州的总督威廉·吉斯先生来拜访霍姆斯。霍姆斯便向吉斯先生谈起了富兰克林，并将富兰克林的回信给吉斯先生看了。

看完富兰克林的信，这位总督感到很惊讶。他没想到，这个年轻人竟然有这么深刻的思想以及如此敏捷的才思和文笔。他当即就对霍姆斯说，这是一个前途无量的青年，如果能给他适当的帮助，他一定可以成就一番事业。吉斯总督提议，让富兰克林自己在费城开办一家印刷所，经费由富兰克林的家人资助，不足的部分他来垫付，并且他愿意帮忙解决招揽生意等问题。这一建议得到了霍姆斯的赞许。

一周后的一天，富兰克林正同塞穆尔一起在窗前工作，忽然看到两位衣冠楚楚的绅士从街对面向印刷所走来，其中的一位就是宾夕法尼亚州总督吉斯先生。塞穆尔以为这是前来拜访他的客人，立即跑下楼迎接，没想到客人声言要见年轻的工人富兰克林先生。

接着，总督和弗伦奇上校一起走上楼来。吉斯总督彬彬有礼地向富兰克林握手问候，并邀请他一起去酒馆叙谈。富兰克林感到很吃惊，但他还是接受了吉斯总督的邀请，随他们一起走了出去。塞穆尔则呆呆地站在一旁看着这一切，惊得说不出话来。

富兰克林跟随吉斯总督和弗伦奇上校一起走进一间酒馆坐下来，一面喝酒，一面谈话。吉斯总督在说明自己的来意后，便劝富兰克林自己开办一家印刷所，他和弗伦奇上校两人都向富兰克林保证，会利用自己的影响力为他招揽军、政两方面的公家生意。

这样的机会自然是富兰克林求之不得的，但他表示还要考虑一番，因为父亲不一定会愿意出资帮助他独立开业。总督表示，他愿意写一封信让富兰克林带给父亲，相信这样应该能够说服他。

于是三人商定，富兰克林乘下一班船返回波士顿，而富兰克林即将开业之事则暂不宣布。回来后，富兰克林照常在塞穆尔的印刷所里努力工作，只是经常被总督邀请去一起吃饭，亲切友好地交谈。

1724年4月底，从费城开往波士顿的船即将启航。富兰克林以回家探亲为由，向塞穆尔请了假，然后带着总督写给父亲的一封厚厚的信，登船返回离别了半年之久的故乡波士顿。

（二）

大约5月上旬，富兰克林返回到波士顿的家中。面对半年多才回来的浪子，一家人都欢天喜地，没有一个人埋怨他。老父亲扳着小儿子那结实的肩膀使劲晃了晃，满意地点点头，说：

"真是富兰克林家的一棵好苗子！"

而母亲则把满腔的爱都融入到一阵忙碌之中，将家中的鸡蛋、麦粉、果酱等都统统拿出来，精心制作了一个大蛋糕。

晚上，除了哥哥詹姆斯之外，其他兄弟姐妹都赶了回来，一家人围坐在桌旁，分享着美味佳肴和富兰克林带来的喜庆消息，充满了欢声笑语。富兰克林在描述离家之后自己所做的那些事情后，还颇为得意地将里德小姐夸耀一番，但对在异乡的艰辛和痛苦却只字未提。

当富兰克林把吉斯总督的信交给父亲后，父亲颇感意外，但并没有马上表态，甚至一连几天，对这件事都闭口不谈。直到女婿霍姆斯船长回到波士顿后，父亲才把总督的那封信拿给女婿看，并向霍姆斯打听吉斯总督其人。

霍姆斯在岳父面前极力支持总督的看法，并向岳父分析了这一计划的可行性。但约赛亚还是认为吉斯总督对这事欠缺考虑，所以才力图让一个尚未成年的孩子去开业。

几天后，约赛亚将富兰克林叫到自己的房内，父子俩进行了一次重要的谈话。约赛亚语重心长地告诫儿子：他才认真学习没几年就急于自己开业，这是一个草率的决定，在事业上过于急功近利只会导致失败。他认为，对富兰克林来说，现在最重要的就是踏踏实实地工作和学习，随着经验和阅历的积累，到21周岁时再独立开业会更有成功的把握。

父亲的话不无道理，但却不顺富兰克林的心意。富兰克林试图说服父亲，但又怕父亲伤心，于是只好顺从了父亲的建议。

为了表示对总督关照富兰克林的谢意，约赛亚还亲自给吉斯总督回了一封信。在信中，他表示非常感谢总督对自己儿子的信任和栽培，但他暂时不能资助儿子去费城开办印刷所，原因是儿子年纪尚轻，不堪信赖去经营管理这样需要大笔资金才能开办的企业。

当然，对富兰克林，约赛亚也不乏鼓励和赞赏之辞。他看到儿子得以从当地有声望的人那里得到这样一封满是溢美之词的信，得以在这么短的时间内靠自己的本领在举目无亲的费城安定下来，他感到由衷的欣慰。

这次回来，富兰克林还去看望了哥哥詹姆斯。詹姆斯对富兰克林的回来既不惊讶，也不欣喜，只是冷淡地接待了他，但印刷所的工人们却很热情，大家都七嘴八舌地向富兰克林打听费城的情况和富兰克林在那里的生活。那天，富兰克林穿了一身时髦考究的新西装，脖子上还挂着一块表，衣袋里装有价值5英镑的银币。当工人们好奇地问费城用什么样的钱时，富兰克林就拿出一把银币给他们看，并让他们看自己的表，还送了一块钱给他们买酒。

不过，富兰克林这些无心的举动在哥哥詹姆斯看来却是对自己的侮辱。自始至终，詹姆斯都冷冷地对待富兰克林。

几天之后，富兰克林再一次离开家乡。不同的是，这一次他获得了家人的允准和祝福。

（三）

这次返回费城的航程还是比较顺利的，只是好友柯林斯给富兰克林带来了不少麻烦。柯林斯是个很有志向的青年，但此时他正陷于失恋的痛苦之中难以自拔，整天借酒消愁。富兰克林担心这样会令柯林斯这个有才华的青年在醉生梦死中白白葬送前程，因此带他一道去费城，希望在新的环境中可以让柯林斯重新找回希望和信心。

柯林斯的所有家当就是4只大木箱和2个提包的书，这些书引起了船长的注意。因为在当时，能拥有这么多书的人是不多的，况且书的主人又是两个年轻人。所以当船到纽约以后，纽约州的总督博内特听船长提起他的乘客中有一位年轻人带了一大堆的书时，便请船长把这个年轻人带去见他。

富兰克林跟随船长去拜访了纽约总督，受到总督的热情接待。总督还热情地要求富兰克林参观自己的藏书室，两人又一同谈论了一些书籍和作家。如此年轻、社会地位如此低下，却以写作才能和拥有书籍为媒介，结识了一位当时上流社会中的人，这让富兰克林感到十分快慰。

离开纽约后，富兰克林与柯林斯便一同乘船回到费城。富兰克林将父亲的信交给吉斯总督看了后，总督认为约赛亚太过谨慎。他说：

"既然你父亲不愿意帮你开业，那我来帮你好了。现在，你把需要从英国购买的东西列一张单子给我，我去订购。我帮你垫付的这些钱，等你以后有能力时再还给我。我坚决要让这里有一家优秀的印刷所，我也相信你一定会成功的。"

富兰克林被吉斯总督的诚意深深地打动了，他决定听从吉斯总督的建议，自立门户试一试。于是，他认真地列出了开办一家小型印刷所所需要的设备和物品等，价值大约在100英镑左右。

  吉斯总督看了以后，又提出由富兰克林亲自去英国选购这些设备，因为这样不仅能检查设备的质量，还可以借机认识一些书商，为以后出售书籍、文具等建立初步的联系。

  富兰克林认为总督说得很有道理，便决定几个月后乘坐"安尼斯号"航船亲自跑一趟伦敦。当时，"安尼斯号"是唯一一艘往返于伦敦和费城之间的航船，一年才只有一趟。

  事情定下来后，离"安尼斯号"启程还有几个月的时间，这段时间富兰克林继续在塞穆尔的印刷所工作，对即将去英国之事缄口不谈。

  然而在这段时间里，富兰克林与柯林斯的关系却发生了变化，甚至最终彻底破裂。原因就是来到费城以后，柯林斯不仅没有改掉酗酒的恶习，反而愈演愈烈，又染上了赌博的毛病。

  由于经常输钱，柯林斯来费城的旅费和生活费全部都由富兰克林承担，为此，富兰克林不得不动用替哥哥约翰的一位朋友保管的一笔款子。而且，柯林斯的求职也因为雇方看出他贪杯好酒而屡遭挫折，只能靠向富兰克林借钱度日。为此，富兰克林每天都忐忑不安，生怕哥哥的朋友来信向他要钱，那时他将无言以对。富兰克林认为，自己动用他人委托保管的钱财是他"一生中早期所犯的一个重大错误"。

  柯林斯在喝酒后还经常乱发脾气，为此两人经常争吵。后来，一个偶然的机会，柯林斯得到了一份做家庭教师的工作，雇主住在西印度巴巴多斯群岛，柯林斯便决定去那里生活。在临别前，柯林斯表示，在拿到工钱后他会寄给富兰克林还债，可他这一去便再无音讯了。

  1724年秋，在筹划了几个月后，富兰克林告别了费城的朋友和里德小姐，与好友拉尔夫一起前往纽卡斯尔，登上"安尼斯号"航船，横渡大西洋，为了梦想赶赴伦敦。

第五章　在伦敦的日子

从事一件事情，先要决定志向，志向决定之后就要全力以赴毫不犹豫地去实行。

——富兰克林

（一）

当时的伦敦，是世界上无与伦比的日不落帝国英国的首都，同时也是世界上最繁华的城市，富兰克林对那里充满了向往。他觉得，自己的梦想即将通过这次伦敦之行而得以实现。想到这里，他就对仁慈的吉斯总督充满了感激之情。这一次，总督还答应会为他写一封推荐信，以促成他此行的使命。

然而遗憾的是，一直到富兰克林上船，他也没有见到总督的信件。在临开船时，总督的秘书来了，向富兰克林传达了措辞谦恭的口信，称总督因为公务缠身不能来，推荐信总督已经先期送到船上去了。富兰克林见状不免有些困惑，但也只能回到船上等待收信。

当时，船上的头等舱和二等舱已被几位先生包下了，富兰克林和拉尔夫只能乘坐三等舱。在启碇前，弗伦奇上校又上船来了，他在向富兰克林招呼、问候时的恭敬态度令正舱里的乘客对这两位青年顿时都

31

刮目相看。

碰巧正舱里的乘客、名律师安德鲁·汉密尔顿父子因有事下船回费城，正舱里的绅士们便邀请富兰克林和拉夫尔搬进了正舱。

弗伦奇上校下船后，船便起航了。富兰克林想，弗伦奇上校一定已经把总督的推荐信送到船上了，因此就向船长要那些委托他面交的信。而船长称，所有的信都装在一个袋子里面，一时无法取出，但他答应，一定会在到达伦敦之前把这些信件都找出来。

一路上，踌躇满志的富兰克林与拉尔夫愉快地畅想未来，构思着理想中的美好前景。同行的人对这两位年轻人的远大志向深感叹服。然而，老于世故的教友会商人托马斯·德纳姆先生却不以为然，时常给两人高涨的情绪泼冷水，并指出他们并不了解吉斯总督的为人。这不免令富兰克林和拉尔夫感到扫兴。

德纳姆先生的话虽然不受欢迎，但却句句中肯。在圣诞节的前一天，"安尼斯号"即将结束航程，抵达伦敦，富兰克林开始从信袋中翻寻吉斯总督给他的推荐信，可翻来翻去也没找到一封托他面交的信。他从中拣出了六七封信，从笔迹上猜测这可能是与他有关的信，因为其中有一封是写给皇家印刷所的巴斯克特，另外几封是写给文具商人的。

1724年12月24日，富兰克林和拉尔夫到达了伦敦。他先按照信封上的地址找到一个文具商，把信交给了他。

文具商拆开信看完后，不仅没有表示对富兰克林的欢迎，还气愤地说：

"哼！我可不认识你说的那个人，这是列德斯顿写来的信，我发现他完全就是个大骗子！我已和他没有来往了，我也不会收他的信。"

说完，他把信退给了富兰克林。

得知这根本不是吉斯总督写来的信，富兰克林感到有些惶惑了。他找到在船上结识的教友会商人托马斯·德纳姆先生，把这件事的经过告诉了他。德纳姆听完富兰克林的讲述后，断定吉斯总督根本就没有替富兰克林写什么信，而且他在伦敦也没信用可言，根本就没办法向别人作任何推荐和担保。

至于那封列德斯顿的信，德纳姆先生推测，那应该是一个陷害汉密尔顿先生的阴谋，而吉斯总督和列德斯顿恰好都牵涉其中。因此，德纳姆先生认为应该让汉密尔顿先生知道这件事。

不久后，汉密尔顿先生也来到伦敦，富兰克林便将列德斯顿的那封信交给汉密尔顿先生。汉密尔顿先生很感激富兰克林，并以此事为契机，与富兰克林成了朋友。

对于吉斯总督，尽管富兰克林后来仍承认他在任期间政绩卓著，不失为一位好总督，但对于他这样不负责任地欺骗一个毫无人生经验的年轻人的事一直感到十分愤慨。

（二）

通过这件事，富兰克林第一次体会到了世事的险恶，也体会到了父亲在这件事上的远见和一番苦心。他才只有18岁，脑海中充满了幻想、忠诚、正直与善良；而今在异地他乡，他深深地领会到什么叫虚伪、愚弄、欺骗和奸诈。

伦敦之行令富兰克林的全部热情和希望都随着吉斯总督的谎言而付之东流了，富兰克林的心头只剩下懊恼与悔恨。

既然来到伦敦了，又不能马上回去，就必须先站住脚才行。于是，富兰克林四处打听工作机会。一周后，他在巴塞罗穆道口的帕尔默印刷所找到了一份工作。

帕尔默印刷在当地很有名气，生意也相当兴隆，加上富兰克林技术好，人又机灵、肯吃苦，所以收入还是比较高的。但拉尔夫由于缺乏专业技术，又对工作过分挑剔，所以始终没有找到一份稳定的工作，只能依靠富兰克林的那份工资，这对患难弟兄才总算在伦敦安顿下来。

富兰克林很喜欢帕尔默印刷所的工作环境，他认真钻研，努力琢磨，很快就掌握了这里的每一道排版工序和技术，对那些先进的生产设备也进行了深入细致的研究。不久，他勤恳负责的工作态度和娴熟精湛的操作技术就赢得了老板帕尔默先生的赏识。为此，帕尔默先生经常将一些技术要求较高的任务交付给富兰克林去做，而富兰克林每次也都能又快又好地完成工作。这样工作了一段时间后，富兰克林的周工资就从40先令增加到了60先令，而且还经常能拿到加班费，这是一般工人望尘莫及的。

有一天，富兰克林被指派为沃莱斯顿的《自然宗教》第二版排字。在排字的过程中，富兰克林发现沃莱斯顿的一些理论论证并不充分。于是，经过思考和整理，富兰克林写了一篇短篇哲学论文《自由与贫困、快乐与痛苦论》来批评沃莱斯顿的那些理论。这再次令老板帕尔默看出了富兰克林的才华，虽然帕尔默不同意富兰克林论文中的观点，但还是对富兰克林更加器重。

富兰克林将自己写的论文印制了100份，散发给自己周围的一些朋友。幸运的是，其中有一份偶然落入外科医生莱恩斯的手中，两人因此也相识，并成为好友。莱恩斯写过一本《人类判断的不谬性》的书。他还介绍富兰克林认识了《蜜蜂的寓言》的作者伯纳德·曼德维尔和彭伯顿博士。从此，富兰克林便开始与英国文化界的人士交往。

在此期间，富兰克林还结交了小不列颠住处隔壁的书商，并与这名书商达成了协议：富兰克林出一笔不太多的费用就可以在书商那里借阅任何书籍。运用这种方法，富兰克林充分阅读了书商所拥有的大量旧书。

在伦敦这个具有浓厚文化氛围的大城市里，富兰克林尽情地在知识的海洋中遨游。就像在费城时期一样，他的周围再次聚集起一大批喜欢读书和思考的朋友。白天，他在印刷所中努力工作，夜晚则成了他读书钻研的大好时间。

处于这种环境之下的富兰克林，逐渐形成了思维敏捷、语言风趣、举止文雅和善于交际的性格特点，他既能够结交下层社会的劳动者，又能出入大雅之堂，用经过润饰的语言与上流社会人士频繁交往。

（三）

1725年秋，为了获得更好的职位和发展，富兰克林离开了帕尔默印刷所，在一家规模更大的印刷所——林肯协会广场的瓦茨印刷所重新找到了一份工作。

在新的生活环境中，富兰克林处事十分谨慎，待人也热情谦和，并继续保持着节俭朴实的生活习惯，一日三餐也都是粗茶淡饭。这样节省下来的钱，不仅能购买自己喜欢的书籍，还要适当帮助好友拉尔夫。

在来到这家印刷所后，富兰克林发现这里的50多名工人全都嗜啤酒如命。每天早餐前，每名工人都要喝一品脱的啤酒，早餐时再喝一品脱，早餐和午餐之间也要喝一品脱，午餐、晚餐时，也都要喝一些。据他们说，喝浓啤酒可以让人变得有力气。

富兰克林成为这里唯一一个不喝酒的人，工人们都称他为"喝水的美洲人"。但这个"喝水的美洲人"却能双手各提一版铅字上下楼梯，而这些嗜酒者只能两只手捧一版铅字。

后来，在富兰克林的感化和说服之下，不少工人渐渐改掉了酗酒的不良习惯，这样不仅节省下一些钱财，还能避免酒后闹事造成的种种麻烦。

在这期间，拉尔夫一直没有找到稳定的工作。虽然他也曾在逆境中充满信心和乐观精神，但在安逸时就会表现得惰性十足。尤其是有好友富兰克林的资助，拉尔夫在没有工作又无聊之时便出入一些灯红酒绿的娱乐场所，在精神享受和感官刺激中调节情绪。

他也曾发誓要找到能够施展自己才华的职业，先后尝试过做演员、撰稿人、记者和编辑等，但都一事无成，只好在吟诗作赋中聊以度日。此时，拉尔夫早已将自己在费城的妻子和孩子抛到脑后，与隔壁的一名女帽商打得火热。年轻的富兰克林为了拉尔夫简直两肋插刀，将自己薪水的一半都交给他用，还为他保守已有妻室的秘密。

后来，拉尔夫在伯克郡找到了一份教师的工作，便只身去那里工作。他委托富兰克林帮助他照顾他的女朋友，即那位女帽商。遵照拉尔夫的嘱托，富兰克林经常应她的请求，借一些钱给她应急。

在这些交往中，富兰克林发现这位夫人受过很好的教育，聪慧活泼、谈吐风趣，不觉对她产生了好感。在有意无意之中，生命中难以驾驭的原始冲动促使他向这位女帽商发出了求爱的信号，结果遭到拒绝。

不久，女帽商就将这件事告诉了拉尔夫。拉尔夫非常愤怒，他返回伦敦，带走了女帽商，并声称所欠富兰克林的27磅债款从此一笔勾销。

就这样，富兰克林失去了拉尔夫的友谊，但同时也卸掉了一个沉重的精神包袱。

在瓦茨印刷所，富兰克林还结识了一位新朋友——一位名叫威格特的工人。威格特会说法语，还懂一些拉丁文，十分喜爱读书。在工人们中间，威格特在文化修养方面可谓是鹤立鸡群。由于两人兴趣相投，又都喜欢阅读和学习，因而友情日渐加深。最后，威格特向富兰克林建议，他们可以一同去欧洲旅行，靠在各地的印刷所打工来维持生活。这种提议获得了富兰克林的赞同，但却遭到了富兰克林的忘年之交德纳姆先生的阻止。

在伦敦生活的这段日子里，富兰克林与德纳姆先生一直都有联系。在与富兰克林认识之前，德纳姆曾在布列斯托尔做生意亏了本，欠了别人不少债务。后来，他又到美洲做生意赚了大钱，随后返回英国，准备还清那些债主的债务。在船上，他遇到了富兰克林和拉尔夫。

在回到英国后，德纳姆先生设宴款待了他旧日的债主们，并完全还清了当年所欠的债款和利息。德纳姆先生的为人深受富兰克林敬仰，因此富兰克林与他也成了忘年之交。

这次，当富兰克林将威格特的计划告诉德纳姆先生后，德纳姆先生并不赞同；相反，他劝说富兰克林返回费城，并且告诉富兰克林，他自己不久也将前往费城，准备在那里开设一家商号，目前正在采购阶段。他希望富兰克林能到他的商号工作，帮助他管理商号，并允诺将来一定会提拔富兰克林，让他发财致富。

经过一番慎重的考虑后，富兰克林决定接受德纳姆先生的建议，同他一起返回费城；加之伦敦也的确不是他的久留之地，他的根还在北美的沃土上，而且现在他也渐渐对伦敦生活产生了厌倦，思乡之情愈浓。

两人达成协议后，富兰克林辞去了瓦茨印刷所的工作，随后便每天陪伴德纳姆先生一起忙于购进货物。

1726年7月23日，富兰克林跟随德纳姆先生从伯克郡的格雷夫森德上船，离开伦敦，向北美洲扬帆而去。

富兰克林有一个仆人是黑人。有一天，他问富兰克林说："主人，绅士是什么东西？"富兰克林回答说："这是一种生物，是一个能吃、能喝、会睡觉，可是什么也不做的有生命的东西。"过了一会儿，仆人急匆匆地跑到富兰克林身边，说："主人，我现在知道绅士是个什么东西了。人们在工作，马在干活，牛也在劳动，唯有猪除了吃和睡之外什么都不干。那么毫无疑问，猪便是绅士了。"

第六章 精湛的技艺

如果一个人将钱袋倒进他的脑袋里，就没有人能将它偷走。知识的投资常有最好的利润。

——富兰克林

（一）

1726年10月11日早晨，航船终于载着富兰克林回到阔别一年多的费城。他在自己的旅途日记的最后一篇中这样写道：

"……天气异常晴朗，太阳用它温暖明亮的光辉活动了我们僵硬的四肢。天空看上去是灰色的，点缀着一些银色的云。林中吹来的清新的风让我们精神振奋。在如此之长、令人厌烦的禁锢之后，近在眼前的自由让我们欣喜若狂。简而言之，所有的一切加在一起，使这一天成为我有生以来最为愉悦的日子。"

看得出来，富兰克林正满心欢喜地扑向久违的美洲故乡，充满激情地准备投入他一心向往的新生活。

这时的富兰克林已经年满20岁了，他长得高高大大，身体健壮，灰色的眼睛炯炯有神，透露出几分机智、沉着和刚毅。他衣着朴实，举止稳健，给人一种朴实庄重而又聪颖深邃的印象。

一回到费城，富兰克林马上就去探望里德小姐。可是，此时他不得不面对一个残酷的现实：由于苦苦等待之中只得到富兰克林一封归程无期的短信，目光短浅的里德太太便将里德小姐嫁给了当地一位据说手艺不错的陶工罗杰斯。

可婚后不久她发现，罗杰斯根本就是个不务正业的家伙，据说也早有妻室。里德小姐与罗杰斯结婚后，两人根本无法生活在一起，不久就分手了。后来罗杰斯负债潜逃，留给里德小姐的只有一笔欠债和一段痛苦的回忆。

里德太太痛哭流涕地悔恨自己的决定害了女儿，但富兰克林也坦率地承认，是自己当时没有经常给里德写信才导致这样的结果。他用真诚的语言宽慰了受到生活煎熬的里德母女，然后悄然离去了。

很快，富兰克林就不得不为新工作忙碌起来。他跟着德纳姆先生一起在水街开设了一家杂货店，从店铺的选址到装修、陈设，他们几乎都要自己动手。当装修完成后，他们又把从伦敦进来的货物都一一陈列出来，一天都不得闲。

在这期间，德纳姆先生对富兰克林非常关照，像疼爱自己的儿子一般疼爱他，不仅手把手地教他如何进货、定价、记账和销售，还给予他一定的人生教诲，帮助他从刚刚受伤的感情泥沼中解脱出来。

富兰克林也一心将精力扑在店铺的经营上，钻研账务，很快他就学会了做生意的那一套。

就在一切刚刚步入正轨时，一件不幸的事情发生了：1727年2月初，德纳姆先生和富兰克林两个人同时病倒了。富兰克林患的是急性肋膜炎，整个胸部和肋部都疼痛难忍，连呼吸都十分困难。他几乎停滞了思维，任凭病情的发展，甚至等待死亡的来临。

由于年轻力壮，身体底子好，富兰克林的病很快就好转了。然而德纳姆先生却一病不起。一个月后，德纳姆先生与世长辞。

德纳姆先生去世后，只赠给富兰克林很少的一部分遗产，杂货店由他的遗嘱执行人接管了，富兰克林也失去了在德纳姆店里的工作。他那从伦敦归来前夕憧憬的跟随德纳姆学做生意而后发财致富的梦想也如海市蜃楼般消失不见了，刚刚年满21岁的富兰克林不得不重新开始。

（二）

在从德纳姆先生的店铺失业后，富兰克林不得不面临重新找工作的窘境。这时，他的姐夫霍姆斯也在费城，他建议富兰克林重操旧业，到他的老主人塞穆尔·凯姆先生的印刷所上班。而塞穆尔这次也开出了相当优厚的年薪，极力说服富兰克林到他的印刷所上班。就这样，富兰克林再一次成为一名印刷工人。

在弱者的眼中，不幸和灾难就像是一道不可逾越的深渊；但对于强者和天才来说，这些恰恰是促使他们成长和成熟的无价之宝。在经历了一次次失败、失恋、失业的打击，甚至是死亡的威胁之后，富兰克林变得更加坚强和成熟起来。尽管未来要走的路还很漫长，成功的喜悦也与他无缘，但他克服困难、战胜挫折的能力和勇气却与日俱增，性格也变得更加坚毅顽强。而所有的这些，都成为他在逆境中不断成长的极其宝贵的财富，成为他日后获得成功不可或缺的必然要素。

当时的费城与伦敦比起来是十分落后的，其原因不仅仅在于起步较晚，更重要的是英国政府推行的殖民政策所致。英国的殖民统治者为了保证英伦三岛的制造业和商业贸易的高额利润，便千方百计地设法限制北美殖民地经济的发展。

自从17世纪以来，英国政府采取了一系列限制北美工业发展的措施，如禁止北美与其他国家直接通商，限制北美工业的发展，迫使殖民地人民购买英国的产品，等等。这样一来，便可以让北美永远成为英国的商品销售市场和原料产地。这种强制性的歧视经济政策给北美经济带来了巨大的压力。

这一时期，富兰克林还没有对英国的殖民政策进行过深入分析，只是对费城印刷业的前景感到忧心忡忡。一转眼几年过去了，城里仅有的两家印刷所的经营状况不但没有什么改善，反而还更加糟糕。在英国国王委任的总督的严密监控下，每年只有少得可怜的印刷品问世。

富兰克林再次回到塞穆尔的印刷所工作，主要原因是塞穆尔出了比往日优厚得多的酬金。但很快富兰克林就发现，塞缪尔其实是指望他回来帮助印刷所扭转已经陷入窘境的经营局面，并帮助他训练手下那批工资低廉的新工人。

不过，富兰克林并不在意塞穆尔招聘他的真实意图是什么，他只知道凭良心和本领赚钱是人的本分。因此，他在这里工作得依然相当努力。每天，富兰克林除了要教给新工人各种印刷技术外，还负责印刷业务的正常进行。

同时，他还凭借自己在伦敦两家印刷所工作中学来的经验，设法替印刷所铸造铅字，制造油墨，甚至还兼任着仓库的保管员。尽管富兰克林很清楚，在他将新工人教会之时，就是他自己不得不离开印刷所之日，但他还是尽自己所能地努力工作，从而赢得了店里工人们的尊敬。

在富兰克林的努力之下，凯姆印刷所的生意再次步入正轨，生产时序也显得井井有条。而富兰克林对凯姆印刷所最大的贡献，就是他为塞穆尔完成了新泽西纸币的印刷业务。

当时，印刷纸币需要雕刻图版和各种复杂的字体、花纹等，费城没有人愿意做这种技术要求很高的活儿，于是富兰克林自告奋勇地接了下来，并且颇下了一番工夫，最终圆满地完成了工作。这宗业务完成后，塞穆尔赚了一大笔钱。

（三）

在凯姆印刷所工作期间，富兰克林的业余生活也很丰富。在读书之余，他还经常与一些好学上进、关心社会生活的青年在一起。1727年秋，富兰克林和这些朋友组建了一个名叫"共读会"的小团体，大家经常聚集在一起读书写作，探讨各种学术问题。由于富兰克林学识渊博，阅历丰富，人品又好，因此成为这个团体中的核心人物。

在印刷所里，富兰克林德才兼备，富有人格魅力，因此便出现这样一种状况：前来印刷所谈业务的人往往不找老板塞穆尔，而是直接找富兰克林。同时，印刷所的工人们也都喜欢与富兰克林打交道，对塞穆尔敬而远之。即便是当地的一些政要也常常光顾这个小印刷所，要求富兰克林去他们的家中做客。

久而久之，塞穆尔对这种被富兰克林抢去风头的境况感到不满。而随着印刷所生意的好转以及新工人印刷技术的熟练，塞穆尔也开始感觉富兰克林的多余。当塞穆尔向富兰克林支付第二个季度的工资时，便向富兰克林透露了这样一个意思：他付不起这么多的工资，想要削减一部分。

半年以后，塞穆尔对富兰克林的态度更是发生了完全的转变。他经常板着脸，对富兰克林的工作吹毛求疵。其实真正的原因还是因为印刷所其他工人的业务已逐渐改进，他渐渐感到富兰克林在印刷所已不那么重要，而工资却拿得太高。对此，富兰克林一直默默容忍，继续照常工作。直到有一天，他终于忍无可忍了。

这天，富兰克林同往常一样，在二楼的印刷间里干活，忽然听到楼下院子里传来一阵争吵声。富兰克林不由得把头伸出窗外，想看看到底发生了什么事情。

正在外面街上的塞穆尔看到富兰克林伸出头向外看，立刻破口大骂，气势汹汹地指责富兰克林不好好工作，口口声声地说：

"我的印刷所里绝不养活这种好吃懒做又爱管闲事的人！"

塞穆尔的骂声引得街坊四邻纷纷走过来看热闹，这让富兰克林感觉自己的尊严受到了严重伤害，他也怒不可遏地当众对塞穆尔的小人行径进行了尖利的揭露和指责。

塞穆尔见状，马上又冲到楼上来，对富兰克林叫嚷不止，双方破口大骂起来。争吵的结果是：塞穆尔依照合同给富兰克林3个月期限离开的解雇通知，并称自己悔不该当初规定让富兰克林在这里待这么长时间；而富兰克林则回敬塞穆尔说，他完全不必后悔，因为自己现在就决定离开这里。

说完，富兰克林拿起自己的帽子下楼去了。在出大门前，他请工人梅勒迪斯替他将留在印刷所里的个人物品送到他的住处去。

其实，富兰克林的这一举动并非心血来潮。多年的打工生活已经让他尝到了人间的种种苦果，深切地体会到寄人篱下生活的悲惨和不安。他早就希望自己可以摆脱这种羁绊，用自己的辛劳和智慧创造出更多的财富，营造出一种崭新的生活方式来了。

第七章　创办印刷所

　　我不让工作追求，而是去追求工作，常常努力于完全统驭
工作，而不做工作的奴隶。人大凡具有完全统驭工作的信心，
精神就必然振奋。

——富兰克林

（一）

　　这天晚上，梅勒迪斯来到富兰克林的住处，给富兰克林送他在印刷所的个人物品，两个人聊起了当天发生的事。梅勒迪斯对富兰克林十分敬重，很不愿意富兰克林离开凯姆印刷所，将他丢在那里。富兰克林表示将返回家乡伯灵顿去，梅勒迪斯劝他放弃这个念头，并提醒富兰克林说，塞穆尔的一切家当都是借债购置起来的。而现在，他的那些债主都已经等不及了。他的店铺经营得非常糟糕，经常赔钱，因此凯姆印刷所最终肯定会倒闭，而这就能给富兰克林提供一个赚钱的空缺。

　　可富兰克林表示，自己现在没有任何积蓄，怎么能开办印刷所呢？梅勒迪斯说，他的父亲曾来费城探望他，对富兰克林颇为赏识，认为儿子只有跟着富兰克林才会有出息。因此，如果富兰克林愿意跟他的父亲合伙的话，他父亲肯定会借一部分钱给富兰克林。

富兰克林经过考虑后，认为这是一个不错的主意，他决定试一试。于是，梅勒迪斯找到父亲，老梅勒迪斯拿出自己多年的积蓄200英镑，让梅勒迪斯与富兰克林一起合伙开办一家印刷所。其中，梅勒迪斯拥有全部股份中的100磅，另外的一半记在富兰克林的名下，先以借贷的方式替富兰克林垫付，富兰克林在两年内还清。此后，富兰克林全权掌管印刷所，而所得的利润与梅勒迪斯五五分成。

两个年轻人把计划确定下来之后，富兰克林给梅勒迪斯的父亲开具了一张所需设备的清单，老梅勒迪斯将清单交给一位信得过的商人，让他帮忙购置设备。

在设备没到手之前，富兰克林和梅勒迪斯的计划都处于保密状态。可是没了工作，富兰克林只能无所事事地待在家里读书。

就在这时，富兰克林收到了塞穆尔的一封信。信中的措辞十分谦恭，说两人是多年的老朋友，不应该为了一时的气话就分道扬镳，所以希望富兰克林能重新回到他的印刷所工作。

原来，就在富兰克林离开后，塞穆尔遇到了一个可能受邀到新泽西去印刷纸币的机会。这项任务需要大量的刻板和各种各样的铅字，只有富兰克林能胜任。塞穆尔担心竞争对手布拉福德会聘用富兰克林，从他手中把这笔生意抢走，于是便假意写信给富兰克林道歉，希望富兰克林继续回到凯姆印刷所工作。

对于这份邀请，富兰克林有些犹豫，但梅勒迪斯劝富兰克林继续回到印刷所，这样，他就可以在富兰克林的亲手指导下获得较多的机会提高技艺。于是，富兰克林重新回到凯姆印刷所。

这次回来，富兰克林的工作比前段时间顺利多了，塞穆尔也不敢再对他颐指气使了。当然，塞穆尔也如愿以偿地得到了那笔生意。富兰克林还和塞穆尔一同去了一趟伯灵顿，完成了生意方面的事务。因为这笔生意，塞穆尔得到了一笔相当可观的收入，大大改善了他的经济状况。

在伯灵顿的近三个月中，由于富兰克林较高的文化修养和技艺水平，新泽西监管纸币发行印刷的委员会成员都很喜欢与他打交道。这也让富兰克林有机会结识了新泽西州的法官爱伦、州议会秘书萨穆尔·布斯特尔、议员爱瑟·皮尔逊、约瑟·库柏以及测量局长阿瑟·狄克等。这些人后来都成了富兰克林终生的好友，给他的事业发展带来了很大的帮助。

1728年初，新的印刷设备从英国运到费城。随即，富兰克林与梅勒迪斯一起辞去在凯姆印刷所的工作。两个雄心勃勃的年轻人在市场街南面租下了一幢楼房，年租金为24磅。这所房子不但使用面积大，而且离里德小姐的家也很近，站在楼上就能清楚地看到里德小姐的家门。

为了节省租金，他们还招来了爱好数学的釉工汤姆斯·戈德弗雷一家过来同住，并在他们家中包伙。

在一切准备妥当后，阳春三月的一天，费城第三家印刷所开业了，主人是休·梅勒迪斯和本杰明·富兰克林。从此，富兰克林便进入到北美殖民地资产阶级的行列，开始了他作为一名手工工匠和商人的生涯。

（二）

新店铺刚刚开张，就迎来了他们的第一位顾客——一位初次进城的农民。这位农民是由一个热心的"共读会"会员布莱恩特纳尔介绍来的。印刷完成后，他付给富兰克林5个先令，然后抱着一摞印刷清晰、装订精致的账本心满意足地走了。

直到50年后，富兰克林都清楚地记得他创业生涯中的这第一笔收入。他在《自传》中写道：

"这个乡下人的5先令给予我的快乐，远胜过我以后所获得的任何一枚硬币。因为它是我的第一笔收益，而且来得如此及时。"

命运似乎已经开始垂青富兰克林这个志向远大的年轻人了。经过多年的磨炼和艰辛，富兰克林已经具备了多方面的能力和才干，不仅是一位出色的印刷技工，还是一位经营有方的商人，而且还是个善于交际的活动家和文笔优美流畅的作家。

自从开办印刷所后，富兰克林每天都以饱满的热情和充沛的精力投入到工作当中。每天天还没亮，富兰克林就起来去上班了，一直工作到深夜，安排好第二天的工作后才回去休息。

随着业务的开展，富兰克林又添置了一些更加先进的印刷设备。依靠高超的技艺、诚信的服务和先进的技术，富兰克林赢得了越来越多的客户，并以优质、守时的服务承揽了大宗政府公文的印刷业务。而此时，他的主要竞争者凯姆印刷所和布拉德福印刷所的生意却每况愈下，陷入举步维艰的地步。

富兰克林对酗酒一向深恶痛绝。在伦敦工作的几年里，他一直都以"喝水的美洲人"的形象教育了那些以啤酒当饭的工友们。梅勒迪斯是个很不错的人，确切地说他是个好农民，他向往辽阔的田野、成群的牛羊和充满天伦之乐的农庄，不喜欢城市里的生活，对生意也是一窍不通，对印刷技术更是似懂非懂。

由于富兰克林在业务上包揽了一切，高枕无忧的梅勒迪斯对印刷工作渐渐失去了兴趣，再次拿起了酒瓶。对此，富兰克林对他百般规劝，可都无济于事。梅勒迪斯所关心的，只是向富兰克林索要他的那部分利润，然后拿着钱去喝酒狂欢，很快他就欠下了一堆的债务。

这让富兰克林很为难。最后，富兰克林不得不向梅勒迪斯摊牌，表示他不愿意继续与梅勒迪斯这样合作了。经过协商，富兰克林一次性退还了梅勒迪斯的全部股金，并替他还清了欠酒馆和高利贷者的70多磅债务，同时又送给梅勒迪斯30磅购买土地的本钱和一副新马鞍。

当时，富兰克林一下子拿不出这么多钱，只好向"共读会"的朋友借了一些。1730年7月14日，梅勒迪斯骑着马离开了费城，向北卡罗莱纳辽阔的田野奔去，圆了做一个快活的农民的梦。

就这样，富兰克林名正言顺地成了印刷所的独立经营者，他的事业再次向前迈进了一大步。

（三）

在事业基本安定之后，富兰克林开始有时间考虑结婚成家的事了。多年一个人在外漂泊，他也时常感到身心疲惫，向往能有一份幸福的爱情和一个温暖的家庭。

每每想到这些，他都会不由自主地想起里德小姐。自从印刷所开业后，他也会经常去探望接济那对可怜的母女。一直以来，他对里德小姐都无法忘怀。那一袭长裙、绰约的风姿和富有表情的大眼睛时常在他的脑海中出现，化作缕缕情丝，日夜缠绕着他。富兰克林终于明白：真正的爱情是刻骨铭心、难以忘怀的。

终于，富兰克林下定决心，勇敢地走向那扇熟悉的大门，郑重地向里德小姐提出了结婚的请求。

1730年9月1日，本杰明·富兰克林与德布拉·里德这对苦苦相恋了7年之久的恋人终于结为伴侣。不过，他们并没有在教堂举行婚礼，只是按照普通法律结了婚。婚后，里德小姐搬到市场附近的那所房子里，成为富兰克林太太。她的母亲里德太太也去和他们同住。至此，富兰克林感到自己"总算尽可能地改正了那一大过错"（没有及时给里德小姐写信，致使里德小姐与他人结婚）。

德布拉·富兰克林是个肤色红润、体格健壮、贤淑漂亮的女人，没受多少教育，有时候还显得很固执，对丈夫的研究和思考也没有兴趣，但她忠贞、节俭、理智。对她，富兰克林后来回忆说：

"她是个善良而忠实的伴侣，极力帮助我照料店铺，我们在一起过得很愉快，我们一直总是相互安慰和体贴。"

1731年，富兰克林的第一个孩子出生了，是个男孩，取名威廉。一年后，德布拉又生下一个男孩，取名为弗朗西斯·福尔吉尔。1736年，富兰克林的侄儿詹姆斯从新港来到他的家中。1743年，富兰克林的一个女儿萨拉又降生了。此外，印刷所里的帮工也不时地在这个家中寄宿和寄膳。这样一来，富兰克林的家便成了一个名副其实的大家庭。

不过，富兰克林极少在家中招待朋友，而是选在酒馆或更多是在"共读社"的聚会上同他们会面。同其他商人之间，除了生意上的事，富兰克林一家与他们几乎没有其他的交往。

1736年11月21日，富兰克林4岁的儿子弗朗西斯·福尔吉尔因患天花不幸夭折，富兰克林非常悲痛。在很多年以后，富兰克林还在痛惜爱子之死。他在给小妹妹简的信中说，他的孙子"时常令我清楚地回忆起我的儿子弗朗西斯，虽然他已经死去30年了。从那以后，我极少看到什么能与他相比。一直到今天，每每想起他，我都不能不叹气"。

在一家人的共同努力之下，富兰克林的经济状况大有改观，家中的餐具也从价值2便士的陶制碗和锡制羹匙换成了23先令的瓷碗和银羹匙。到后来，他们拥有了价值数百镑的银制餐具。

家庭的兴旺也是富兰克林事业发达的一个标志。与那些集毕生精力于某一门学问的科学家不同的是，富兰克林通常一边思考、研究、写作，一边处理和应付商务的、公众的、家庭的各类事务。可以说，他的世界是广阔无边的。后来，富兰克林成为伟大的思想家、科学家和外交家，但他又始终是个伟大的俗人。

第八章 《宾夕法尼亚报》问世

忽视当前一刹那的人，等于虚掷了他所有的一切。

——富兰克林

（一）

自从1727年成立"共读会"这个组织后，加入这一组织的早期成员一般都是富兰克林的好友。"共读会"的主要任务是组织其中的会员读书学习，互相切磋，共同研究讨论社会、自然等方面的问题。富兰克林还为这个学会制定了组织章程，这个章程参照了波士顿的科顿·马瑟创立的邻里互济会的体制规定，只是比它要更完善一些。

"共读会"成为全美洲第一所最好的研究哲学、政治和道德的业余学校，同时又是在教友会等宗教组织之外自发形成的互助互利、同舟共济的群众性世俗团体。可以说，从创立之初，富兰克林就已经成为该组织中众望所归的领袖人物。

每周的周五是"共读会"规定的聚会日。这天，一伙儿富有才华、意气风发的年轻人便围坐在一起，时而潜心思考，时而各抒己见，体现出一股好学上进的精神和蓬勃旺盛的朝气。

这些聚会都是在有计划地进行的，按照"共读会"的章程，每位成员要围绕道德、政治或自然科学中的某个观点，依次提出一个或几个问题，供与会人员讨论；每三个月要写一篇论文，并要当众宣读，题目自选；辩论需要在一位主席的指导下进行，不能就某个问题随意争辩；开展辩论的目的是为探求科学和真理，而非出于争论的癖好或满足争强好胜的心理；为防止过激行为出现，一切专断的陈述或针锋相对的争议都被禁止，违反者要被处以一笔小小的罚金，以示警戒等等。

"共读会"的成员都很自觉地遵守这些规定，因此，他们举行的聚会常常热烈而精彩，形式也不乏味单调，而是妙趣横生。与此相形益彰的是，他们讨论的内容也丰富而深刻，不但有大胆的创新，还包罗万象，其中的许多问题与人们的日常现实生活息息相关，比如在宾夕法尼亚州发行纸币的问题就是其中典型的一例。

当时，宾夕法尼亚州流通的纸币总共才只有2万多磅，纸币奇缺成为阻碍商业和经济发展的一个不利因素，因此社会上出现了要求多印发纸币的呼声。

在1728—1729年之交，关于发行纸币的问题出现了比较激烈的争论。在争论中，包括债务人、商人、工匠的广大人民都纷纷要求增发纸币，但有钱人却极力反对，因为他们害怕纸币贬值，致使自己的利益受到损害。

对于这一问题，"共读社"的成员也进行了认真的讨论。富兰克林兼债务人、商人和工匠三重身份，自然而然地站在赞同发行纸币的一边。而其他成员也认为担心纸币贬值是多余的，因为适当发行纸币可以刺激经济的繁荣和发展。

不久，富兰克林便撰写并匿名发表了一本名为《试论纸币的性质和必要性》的小册子。在这本小册子中，富兰克林引证了1723年宾夕法尼亚州发行纸币推动商业发展的这一实例，认为增印纸币是很有必要的，因此他积极支持增印纸币的主张。

同时，他还在书中就交换价值问题进行了深入的分析。他说：

"……我们必须撇开那些贵重的金属，寻找另外一种价值尺度，这种尺度就是劳动……既然贸易就是一种劳动同另一种劳动的交换，所以，一切物的价值用劳动来估量都是正确的。"

他还认为，宾夕法尼亚虽然没有太多的贵金属作为货币的保证金，但却拥有丰富的土地资源，"正如以贵重的金属作为保证金发行的票据是货币一样，以土地作为保证金发行的票据实质上就是土地的货币化"。

这样，富兰克林就用十分浅显的道理阐述了被那些经济学家们弄得高深莫测的经济学原理，大大助长了要求发行纸币一方的声势。

1730年，州议会终于通过了发行纸币的议案，并将印制纸币的业务委托给富兰克林的印刷所来做。不久，汉密尔顿又帮他揽到了承印纽卡斯尔的纸币、政府法律和选票的生意。这宗生意到富兰克林离开印刷业之前一直都在他的手中。这是两笔利润相当丰厚的业务，正值创业初期的富兰克林自然也从中获益良多。

通过呼吁发行纸币这件事，"共读会"的声望获得极大的提高，富兰克林也因此在经济学界崭露头角。他的真知灼见不仅受到当时许多专家的重视，甚至后来还得到了19世纪无产阶级革命导师马克思的高度赞赏。

（二）

北美的印刷业在殖民地时期举步维艰，铅字的供应受到英国当局的严格控制，印刷书报所需的纸张、油墨等材料在很大程度上也要依赖于宗主国，这种情况严重地阻碍了北美印刷业的发展。

当时在费城的3家印刷所中，塞穆尔·凯姆的印刷所只能接一点传单、历书和小册子的印刷生意；布拉德福的印刷所要幸运一些，因为安德烈·布拉德福从父辈那里继承了官方承印人的身份，承揽了政府法规、官方文告和议会记录等颇有利润的印刷业务。另外，他还利用身兼邮政局长一职的便利，让邮差发送他承印的官方报纸《美洲信使周报》。

富兰克林的印刷所开办后，他开始对这两位同行的优势和弱势进行分析，最终决定创办一份为民众所喜闻乐见的报纸，并以此为契机，在印刷界的竞争中谋求生存和发展。

这时，凯姆印刷所的生产和经营已经陷入无序状态。但富兰克林准备办报纸的消息被前来谋职未果的乔治·韦伯泄露出去，一心想发财致富的塞穆尔闻讯后，不惜借债购买机器设备，抢先创办了一份名为《世界艺术与科技导报及宾夕法尼亚新闻》的报纸。

比起布拉德福那份单调呆板的官方报纸《信使》来说，这份报纸的可读性和趣味性要强一些。其中设有新闻短讯、百科知识和诗歌散文等多个版块，内容和形式也比较活泼。但可惜的是，塞穆尔本人没什么才学，并不具备办报的才能，他也没有出色的撰稿人和编辑，只能靠临时抄袭或拼凑别人的稿件来勉强出版。

得知此事后，富兰克林十分愤慨，而自己一时又无力办报。但为了与塞穆尔的报纸相抗衡，并揭示其小人的嘴脸，他以"爱管闲事的人"为笔名，在布拉德福的《信使》上投了大量的稿件。当然，这些文笔流畅、内容深刻的稿件毫无疑问也都被不知情的布拉福德选用了。

在这些稿件中，"爱管闲事的人"以苏格拉底式的对话，入木三分地揭露嘲讽了凯姆式的"怪诞的蠢人"，说他"自愿忍受巨大的疲劳去寻找虚幻中的宝藏""深更半夜离开妻子温暖的被窝，不论刮风下雨，都去费力寻找他绝不可能找到的东西""他的大衣粗陋破旧，他的衬衣是土布制的，他的胡子大概有7天没刮了"……

　　生性褊狭的塞穆尔看到这些文章后被激怒了，他在自己的报上开辟了一个专栏，用最粗暴的语言回敬这位"爱管闲事的人"的攻击，以发泄自己的愤怒。

　　可是，没人愿意看这种粗俗的报刊，塞穆尔的报纸渐渐失去了读者，他的印刷所也因此债台高筑。

　　当债主纷纷上门讨债时，塞穆尔不得不找到富兰克林，请求他买下自己的报纸，随后又将印刷所卖给了自己手下的一名雇员大卫·哈里。

　　在塞穆尔退出印刷界后，富兰克林开始正式筹办自己的报纸。1929年10月2日，富兰克林的《宾夕法尼亚报》问世了。

　　在办报方面，富兰克林的经验是比较丰富的，因为他早年曾跟随哥哥詹姆斯办过《新英格兰报》，加上他本人又是一位文笔犀利、思维活跃的作家和技艺超群的印刷业主。所以，在报纸开办后，富兰克林同时兼任报纸的策划、编辑、撰稿人、印刷商和发行人。另外，富兰克林还有一大群"共读会"的朋友对他鼎力相助。所以，这份报纸刚一出版就非同凡响，表现出了一些独特的风格：印刷精美、版面活泼、内容丰富、文笔流畅。这些特点也令其很快在广大市民中流行起来。不久，《宾夕法尼亚报》就夺去了布拉德福的《信使》报的大部分读者。

　　客观地说，富兰克林创办的这份报纸完全可以与当时伦敦赫赫有名的《观察者》相提并论。该报一直延续了18年，是现在的《星期六晚邮报》的前身。

（三）

　　在《宾夕法尼亚报》问世后，富兰克林的经济状况大为改观，逐渐还清了以前为创办印刷所所欠下的债务。

但同时，富兰克林还面临着一个强硬的对手，那就是布拉福德。虽然富兰克林的《宾夕法尼亚报》很成功，但布拉福德资金雄厚，在印刷业方面只是雇用零工偶一为之，他的大量收入都来自报纸的广告费。由于身任邮政局长，他也拥有优先获得新闻的机会。所以人们觉得，在他的报纸上登广告效果会更好。因此，布拉福德报纸上的广告要远远多于富兰克林的报纸。

经过几年的经济和经验积累，到1740年，富兰克林准备仿效1731年创办于伦敦的《绅士杂志》，在费城首次创办一份杂志。然而布拉福德也在无意中获悉这一消息，抢先于1740年11月6日在其《信使》上宣布，他将于次年3月开始出版《美洲杂志》。

富兰克林见状，也不示弱，于11月13日在《宾夕法尼亚报》上宣布，他的《大众杂志：美洲不列颠种植园历史年鉴》将于次年的1月问世。

此后，富兰克林与布拉福德之间便展开了一场争办美洲首家杂志的赛跑，最后以布拉福德的《美洲杂志》比富兰克林的《大众杂志》领先3天出版而结束。

《大众杂志》的创刊号于1741年2月16日出版，标注的日期是1月。然而，这场竞争的结局却是以两败俱伤而告终：布拉福德出了3期月刊，富兰克林出了6期，随后便先后停刊了。

创办杂志失败后，富兰克林又将目光的重点转向外地。其实早在1733年时，他就派他店里的一名工人到南卡罗来纳州的查理斯敦去开办一家印刷所，由富兰克林提供一台印刷机和一些铅字，并与这名工人签订了合伙合同。按合同规定，富兰克林负担在那里营业的三分之一的费用，分享三分之一的利润。

可是，这名工人不懂财务。尽管他也汇款给富兰克林，但从不向富兰克林汇报收支账目。几年后，这名工人不幸去世，由他的寡妻继续经营那家印刷所。

这名女子管理业务十分成功，并在合伙合同期满后将印刷所从富兰克林手中买去，由她的儿子经营。

在南卡罗来纳州合伙经营的成功，鼓励了富兰克林在其他地区开办分店的想法。1742年2月20日，富兰克林与自己的一个工人詹姆士·帕克签订了一份合伙经营的合同，由富兰克林提供设备运到纽约，并对在那里的业务出三分之一的资金，分享三分之一的利润，由帕克在纽约经营印刷出版业务。

随后，在威廉·布拉福德退休后，帕克又接办了他的《纽约杂志》，并于1743年成为那一州政府的承印商、耶鲁学院的印刷商，并于1755年4月12日在设于纽黑文的印刷所创办了《康涅狄格杂志》。不过，当时富兰克林仍是帕克生意上的合伙人。

（四）

在富兰克林的合伙人中，还有他的两位亲属，其中一位是他的哥哥詹姆斯的儿子。詹姆斯后来将他在波士顿的印刷所迁到了新港。1736年，富兰克林在返回波士顿探亲时，与哥哥詹姆斯冰释前嫌，詹姆斯还托富兰克林在自己身后照料自己的儿子和家庭。于是，富兰克林将侄儿小詹姆斯接到费城，送他上学，并在自己的店里当学徒。

1740年，哥哥詹姆斯去世。1743年，小詹姆斯在7年学徒期满后，富兰克林便让他带着一批新铅字回到新港，接替他母亲经营的印刷所，成为富兰克林的合伙人。

另一个是富兰克林姐姐的儿子，1732年出生的本杰明·迈克姆，在纽约帕克的印刷所中做学徒。1748年，富兰克林派他的帮工托马斯·史密斯到中美洲安提瓜的圣约翰开办了当地的第一所印刷店，并在1748年9月办起了《安提瓜报》。1752年夏天，史密斯去世。8月，富兰克林派本杰明·迈克姆接管了那里的印刷和出版业务，成为自己的合伙人。

此外，在多米尼加、牙买加的金斯顿、北卡罗来纳、佐治亚、费城附近的兰卡斯特等地，富兰克林都有合伙人。但他在1748年以后的合伙经营业务量并不大，与其说是为赚钱，倒不如说是为了鼓励当地的印刷业和印刷商。

虽然富兰克林在出版印刷业取得了很大的成功，但他却非常注意在公众心目中建立起一个勤勉的商人形象。

之所以如此，也因为富兰克林有着他人的前车之鉴，那就是从塞穆尔手中买去了印刷所的大卫·哈里。

大卫·哈里曾经是富兰克林的学徒，后来在塞穆尔准备卖掉印刷所时，他筹钱买下了印刷所，自己去当老板了。开始时，富兰克林还担心哈里会成为自己的一个强有力的对手，因为哈里在当地的亲友都有势力也有能力。所以，他曾向哈里提出合伙经营，但遭到哈里轻蔑的拒绝。

没想到的是，哈里一当上业主便骄傲自大起来。他穿着考究，生活奢侈，经常在外面花天酒地，根本不会管理印刷所的业务。不久，他不仅负了债，还失去了许多原有的主顾。

最后，哈里也只能像塞穆尔一样，卖掉印刷所，回宾夕法尼亚务农去了。

与大卫·哈里完全不同，富兰克林为了赢得商人的名誉和声望，不仅克勤克俭，还十分注意自己的言谈举止。他穿着朴素大方，也从不去一些无益的娱乐场所，只是偶然因为读书而耽误一些工作，但这种情况也极少。他自己回忆说：

"为了表示我不以我的行业为耻，有时我把从纸店购得的纸张装在独轮车上，自己经由街道推回家。这样一来，人们都纷纷认为我是个勤劳上进的青年。而且，我很守信用，从不拖欠款项，所以文具用品商人巴不得我天天惠顾，别的商人也想委托我帮他们代销书籍。"

第九章 《穷理查历书》大获成功

读书是易事，思索是难事，但两者缺一，便全无用处。

——富兰克林

（一）

除了认真经营印刷所的生意之外，富兰克林唯一的爱好就是读书。而富兰克林传奇式的一生，的确也与书籍息息相关。书籍就像神话传说中的一盏明灯，照亮了他前进的方向，引导他从偏僻黑暗的角落一步步走向光明美好的未来。

在交通不便、消息闭塞的殖民地时代，恐怕北美很难再找到比富兰克林读书更多的人了。由于生意繁忙，他没有更多的时间专门读书，读书时间都是见缝插针，一点一滴积累起来的，并且他长期坚持，锲而不舍。

为了提高读书效率，他不仅创建了"共读会"，与会员们一起交流读书体会，探讨学术问题，还在1743年将美洲颇有名望的学者精英汇集在一起，组织了北美第一个学术团体——"美洲哲学会"，主要从事医学、数学、地理学、植物学以及人文科学的理论研究，开创了美洲学术研究的先河。

为了让与自己经历相似的人都能尽情享受到读书的乐趣，他将"共读会"成员的书籍都收集起来，进行分类编目整理，供大家互相借阅阅读。后来，他又自己筹款购买了大量的书籍，并于1731年创办了北美第一所公共图书馆，向那里渴望读书和学习的人们敞开一扇通往知识宝库的大门。为此，富兰克林也被誉为北美的"图书馆之父"。

1732年对富兰克林来说是很有意义的一年，他创办的图书馆正式运作，引起了良好的社会反响。但他并不满足，而是希望能找到一种更为有效的手段，能够让他可以从世界的任何地方汲取智慧，攻克社会和自然界中的种种不解之谜，并给予人类以有益的忠告。

富兰克林认为，这种行为的结果首先应对社会有利，当然同时也能够给自己带来显著的效益。经过研究思考，在1732年底，富兰克林终于从以"穷理查"的名义编写的历书中找到了这一表达方式。

什么是历书呢？

历书就是排列月、日、节气等供查考的书，主要用来计算日期，也有人用它来解释各种星相，甚至预测天气和吉凶祸福等。在历书的边角空白处，常常被当时的出版人插印上一些小诗、箴言和各种趣闻等，供读者消遣。

在殖民地时代，历书是发行量最大的书籍，即使是没有文化的家庭，也少不了它。一本畅销的历书可以令编印者一夜走红，财运亨通。在费城，布拉福德多年来都在出版泰坦·里兹的《美洲历书》。而富兰克林不仅出版过社友托马斯·哥德弗雷从1729年到1731年的历书，还出版了约翰·杰尔曼1731年和1732年的历书。

经过精心的筹划，富兰克林决定出版自己的历书。1932年12月19日，富兰克林的《穷理查历书》正式付梓，每册售价5便士。

新书一上市就被抢购一空，短短3个星期内，《穷理查历书》就被加印了3次，发行数量远远超过其他历书。很快，这本书的售价就涨到了10便士，但仍然供不应求。可以说，它是出版兼编纂者富兰克林超凡才智的证明。

（二）

《穷理查历书》中的"理查·桑德斯"这个名字，可能是在被富兰克林视为慈父的老商人德纳姆的记账簿上找到的，也可能是在茫茫人海之中信手拈来的，总之，这是个在人群中随处可见，但又实际并不存在的虚构人物。而书名中的"穷理查"则可能是借鉴了他哥哥詹姆斯在新港发行的《穷罗宾历书》。但《穷理查历书》中所蕴含的精神及其幽默感，则是富兰克林自己创造出来的。

在《穷理查历书》的开头语中，"理查"便以一种质朴坦诚的口吻向世人宣告了自己的存在：

> 为了让大家喜欢我，在此我直言相告，除了为公益之外，我写历书别无他图。但是，这样做将是不诚实的。如今的人都绝顶聪明，不会被浮夸之语所蒙骗。实际的情况是：我非常贫穷，而我那贤惠的妻子又十分粗暴。她说，当她坐在纺车前纺纱时，我却呆呆地数星星，这让她无法忍受。她还威胁说，如果我再不利用我的书和工具做点对家庭有用的事，她就将它们统统烧掉。后来，印刷商向我提供了可观的一部分利润，于是我就开始依照我妻子的愿望来编纂这部历书了。

到了第二年，"穷理查"则在书中为他赚到了钱而致谢。他说：

　　我的妻子得到了属于她自己的锅，再也用不着找邻居借了。我们也有自己的东西放进锅里去了……这些都让我妻子的脾气比以前平和了许多，我也可以睡更多的觉：去年一年比前三年加起来睡得都要多。

　　富兰克林虚构的"穷理查"夫妇的身影和声音时常出现在这部历书当中。他们时而争吵，时而又相互打趣，与历书的内容巧妙地结合在一起。"穷理查"甚至还曾对公众中有认为没有这个人的看法表示不满，他说：

　　要想剥夺我的存在，让我在公众的心目中化为乌有，这是不友善的处世方法。但只要我自己知道我在到处行走，在吃、在喝、在睡觉，我就心满意足了。确确实实有我这么个人存在着。

　　这种诙谐幽默、生动有趣而又平易近人的编写手法，在当时可谓独树一帜，因而也令《穷理查历书》赢得了人们的青睐。
　　很快，"穷理查"就成为整个费城以及宾夕法尼亚街头巷尾谈论的热点人物。他那坎坷无定的身世牵动着千千万万善良人敏感的神经，他那诙谐有趣、内涵深邃的连珠妙语也成为劝诫人们回心向善、积极进取的警句豪言。"穷理查"的境遇时常变化，夫妻间的口角和调笑也不断出现，这更加增添了人们的阅读兴趣。
　　就这样，这部历书一年不间断地出版，形成了有始无终的长篇系列，最后汇集成为一部脍炙人口、丰富有趣的世界名著。

（三）

富兰克林编纂这部历书的用意之一，还在于他认为这是"在普通人民中间进行教育的一种恰当工具"。因此，在历书中，他还将一些成语、箴言等印在重要日子页面的空白处。这些成语和箴言主要是教导人们将勤俭作为发财致富并获得美德的手段。比如："一个今天胜过两个明天"，是在提醒人们把握现在，不要虚度光阴；"树不愁大，力不愁小，砍个不停，终能砍倒""涓滴不息，可以穿石"，是教导人们做事应坚持不懈；"人不能占有财富，是财富占有人""贪婪和幸福从未相见，永不相识"，是告诫人们不要对钱财过分贪心。

此外，还有一些是讲述为人处世的经验和哲理的，比如："善待朋友可以拥有朋友，善待敌人可以争取敌人""哪里有缺乏爱情的婚姻，哪里就有不是婚姻的爱情""富人不浪费，浪费非富人""两个律师中间的农民如同两只猫中间的一条鱼""没有丑陋的爱情，也没有漂亮的囚犯"等等。

这些有趣而意义深刻的语言中，蕴含着浅显朴实的真理和智慧，与人们的日常生活息息相关，因此《穷理查历书》和1748年以后出版的《穷理查历书修订本》大受欢迎，在长达25年的时间中每年都要销售1万册以上。一直到1757年，富兰克林受委托赶赴伦敦为北美的权利进行交涉，他才不得不忍痛结束了这部历书的编撰工作。而此时，该书早已风靡欧美，受到了广泛的关注和赞誉。

在欧洲，各家报纸都对《穷理查历书》予以转载。尤其是西欧的一些国家，处处可见到印刷在张贴画上的"理查"的格言，各界人士竞相购买不同译本的历书作为馈赠亲友的有意义的礼品。在英属北美各殖民地，这本历书更是家喻户晓，成为千家万户不可或缺的精神食粮和生活必需品。

《穷理查历书》的成功，不但给富兰克林带来了巨大的社会声誉，还给他和费城的居民带来了不少经济上的实惠。而且，由于该书劝导人们不要购买无用的奢侈品，经济界的人士认为，它对于促进本地区财富的增加起到了一定的作用。

同时，由于该书印数的不断增加，也给富兰克林的印刷所带来了巨大的利润，促进了印刷所业务的扩展。这不但让他获利丰厚，还让他找到了新的生财之道。

由于印刷历书需要大量的纸张，富兰克林还创办了几家专门生产新闻纸的造纸厂，合作的伙伴就是富兰克林早先的伙伴，从北卡罗来纳返回费城的休·梅勒迪斯，还有那位曾将富兰克林准备办报纸的消息泄露出去的乔治·韦伯。他们与富兰克林建立起了合作关系。富兰克林向他们提供造纸的原料，他们则向富兰克林提供优质的纸张和一部分利润。

"穷理查"的成功，让富兰克林在印刷出版业声名鹊起，实力大增，越来越多的人都争相阅读这位费城骄子的书刊和报纸。

1743年，富兰克林的主要合伙人戴维·霍尔先生来到费城，富兰克林将印刷所的事务全部委托给他负责。这样，富兰克林就无需事必躬亲了，他也可以腾出更多的时间和精力进行一些科学研究，从事为公众服务的事业。

这一年，富兰克林刚好30岁，而立之年的他开始将立足点从私人事业逐渐转向为公众谋取利益的公共事业上来。这是富兰克林人生经历之中的一个重要转折点，他开始由此步入社会的上层，跻身于官宦政要的行列之中。

第十章　参加社会活动

学而不能致用的人是一头背着书的牛马。蠢驴是否知道它背上背着的是一堆书而不是一捆柴?

——富兰克林

（一）

1736年，富兰克林凭借自己的影响力和才华当选为宾夕法尼亚州议会的文书，从此正式涉足政治生活。

文书工作的薪水虽然不高，但责任重大。不过，富兰克林依靠自己的能力很快就在议会中树立起良好的声誉和威望，并逐渐发挥出重要作用。这一工作不但让他得以承揽了全部政府的公文和法律文件的印刷出版业务，还让他有机会更加广泛地与政府要员和政界接触，大大拓展了他的社会活动领域。

当然，在政界中也难免会遇到一些反对他的人和令他不快的事，对此，富兰克林采取一种很达观的态度。他说：

"对于敌对行为，与其为之烦恼、报复或僵持，不如慎重转移自己的感情，其益处自不待言。"

例如，当他知道有一位议员极力发对他翌年继续担任州议会文书时，他并没有愤怒不安，而是设法与其结交以改变这位议员对自己的偏见。他托人向这位议员借一本很珍贵的书，看过之后又将读书体会和表示感谢的短信一并奉还。这位议员觉得富兰克林具有不计前嫌的气度和出众的才华，很快便转变态度，主张次年依然由富兰克林担任文书一职。

在这一职位上，富兰克林兢兢业业，恪守尽责，一直工作了16年之久，直至被选入议会为止。

由于富兰克林办事干练，为人正直，1737年，他被任命为费城邮政局的局长，取代了布拉福德的职位。富兰克林上任后，对邮政工作进行了全面的整顿，不仅让各项业务都井然有序，还提高了工作效率，增设了新的邮政项目，开拓疏通了邮路，加强了与周边地区的邮政联系，形成一个以费城为中心的邮政网络，并设法加强与世界上一些大中城市的邮政联系。

这一系列的整顿和改革很快就收到了显著的效果，不仅为广大市民提供了邮政方便，还让邮政局的利润逐年递增。当然，这一职务也毫不意外地给富兰克林的印刷发行业务带来了极大的便利。

此时的富兰克林已经承担起许多重要的使命了，但他依然精力旺盛，从未因工作繁重而感到疲倦。刚来费城时，他一无所有；依靠自己的聪明才智和努力拼搏，现在他终于从社会底层脱颖而出。在这一过程中，他已经不知不觉地将自己的命运与费城紧紧地联系在一起，在改变自己命运的同时，也在改变着费城的面貌；而费城的兴盛，也将他一步步推向辉煌的顶点。

在当时，费城是一座火灾频发的城市，但当局的消防工作却存在着致命的漏洞：防范不严格和灭火措施不得力。对这个问题，富兰克林还专门组织"共读会"成员进行了讨论。在取得一致意见后，他在

《宾夕法尼亚报》上匿名发表了一篇名为《城镇防火》的文章。

同时，在富兰克林的号召和组织之下，一支30人组成的志愿灭火团体建立起来，消防队员还配备了各种灭火的工具，如皮桶、口袋、绳索和装运物体的篮子等，并实行轮流值班制度，常备不懈。

不久，在富兰克林的带领下，费城陆续建立起数支联合消防队。而富兰克林最先组建的那支名叫"联合消防队"的消防队伍也一直保存下来。这个消防队的队员要出席每月的例会，如果缺席，还要缴付小额的罚金，这些罚金则用来购置救火机。

自从组织了这些消防队伍以后，费城再未发生过大的火灾，一般在起火的房屋烧掉一半以前，火便被扑灭了。至此，费城的消防工作走到了世界的前列。

除了组建新的救火队，富兰克林还改革了费城原有的治安制度。当时，城市的治安是长期以来困扰着费城居民的一个严重问题。最初，费城的治安由城内各区的警官轮流负责，警官会预先通知若干名户主在夜里随他一起巡逻，不愿巡夜的人每年可交纳6先令的费用，用以雇人代之巡夜。

但是，这些交纳的费用往往要多于实际所需。这种情况也令费城的警官之职成为肥缺，而警官又常常会花一点小钱或给一点酒找一些乞丐无赖去巡夜，这些人根本不会认真巡夜。所以，费城的治安工作根本就是徒有虚名，盗窃和其他犯罪行为时有发生。

针对这一情况，富兰克林在"共读会"上提出了一种治安制度，其基本内容是雇用适当的人管理治安，并采取按财产的比例课税的办法来公平分摊治安费用，"因为一个穷苦的寡妇户主全部需要保护的财产也许不超过50镑的价值，而她所付的巡夜费却与一个仓库中储蓄着几千镑货物的大富商完全一致"。

这一提议再次得到与会者的赞同，于是，他们以"共读会"的名义向当局正式提出。这一提议虽然没有马上实施，但富兰克林和"共读会"的活动却在人们的思想上为这一制度的变革进行了准备。经过几年的努力，这一提议最终以法律的形式在费城得以实施。

（二）

在18世纪三四十年代，北美殖民地兴起了史无前例的基督教复兴运动，史称"大觉醒"。从本质上来说，它是一场争取宗教自由的运动，沉重地打击了殖民地的官方社会，扩大了宗教信仰的自由，促进了北美殖民地民主化的进程。与此同时，它也解放了人们的思想，进一步加强了英属北美殖民地之间的联系与沟通。这些，都为日后美国的独立运动做好了精神准备。

"大觉醒"运动的倡导者是英国圣公会的牧师乔治·怀特菲尔德。从1739年开始，怀特菲尔德就开始在北美各地巡回布道，产生了巨大的反响。但是，费城教友却不允许他登临讲坛。肩负使命的怀特菲尔特并不退缩，每天在露天广场上宣讲传教。他将"灵魂自由"作为一面旗帜，将陈腐的宗教教义变成一种民主主义理论。他宣称，他要为一切人的得救而祈祷，而上帝的拯救将会降临到每个人身上。

富兰克林生性崇尚自然，对任何传教士的布道都没有兴趣。但一个偶然的机会，富兰克林在广场上聆听了怀特菲尔德的演说，一下子就被这位牧师非凡的气质、美妙的嗓音和极具震慑力的演说内容吸引住了。

在演说中，怀特菲尔德正义凛然地怒斥宗教专制和暴虐，反对官方教会的繁琐仪式和教义，主张宗教自由和信仰自由，突出人性的理智。

怀特菲尔德的演说让富兰克林深受感动。很快，两人就成为莫逆之交。此后，富兰克林经常向怀特菲尔德请教有关宗教和社会等方面的问题，怀特菲尔德侃侃而谈，其虔诚而开明的思想主张令富兰克林深深折服。

有一次，怀特菲尔德表示要为佐治亚州的孤儿修建一所孤儿院。但富兰克林认为，在经济状况较好的费城建立这样的孤儿院更合适，因此不打算资助怀特菲尔德的这一计划。

然而几天后，当他听到怀特菲尔德牧师为实现这一计划而作的募捐演说时，他被深深地感动了，遂改变了的想法，出资帮助怀特菲尔德。对于这件事，他在自传中这样写道：

"……随着他的娓娓讲述，我的心软了，决定把铜钱献出来；等他讲到另一个激动人心之处时，我为我原来的想法感到羞耻，又决定把银元捐献出来；而他的结束语讲得那么精彩绝伦，于是我决定倾其所有，把金币、银币和铜币全部掏出来，放进他的募捐盘里。"

不久，富兰克林为这位"大觉醒"运动的杰出领袖出版了布道集，并与当地上层社会的人物们通过募捐的方式筹集资金，修建了一座堪与伦敦威斯敏斯特教堂相媲美的宏伟壮观的大教堂，以供怀特菲尔德和其他教派的教士传教之用。而且，为了管理好这座大教堂，各个教派的代表还共同组建了一个托管委员会。富兰克林不属于任何教派，但由于他热心地倡导并参与了教堂的修建工作，遂被推举为该委员会的代表。

虽然怀特菲尔德没有令他的密友和支持者富兰克林皈依他的教派，但富兰克林的确从怀特菲尔德身上学到了为人类自由和民主事业奋斗的大无畏献身精神，以及充满理性的感召力、富有激情的演讲才能。这些，对于他以后从事各种社会公益事业和政治活动是大有裨益的。

（三）

1739年10月，由于英国在西班牙领有的美洲殖民地走私而与西班牙发生冲突；1744年，英国同法国又因为奥地利王位继承问题而处于战争状态。

在1747年以前，这两场战争都没有波及宾夕法尼亚境内，因为它北部的殖民地挡住了加拿大境内的法国人，南面的殖民地则挡住了佛罗里达和加勒比地区的西班牙人。虽然敌人的舰艇在沿海巡弋，但没有从特拉华河逆流上行到费城。

直到1747年7月，法国和西班牙的私掠船才在海湾出现，这让费城的人们开始恐慌起来。当时的费城没有任何军事装备，费城的富商们也不愿出钱在保护自己财产的同时还要保护那些贫穷的民众和教友会教徒的财产。总督托马斯企图说服州议会通过一项民兵法和采取保障本州安全的措施，但全然无效。

在这种情况下，富兰克林放下正在研究的电学实验，挺身而出。他同"共读社"中的威廉·科尔曼、美洲哲学学会的托马斯·霍普金森及首席法官等人谈话，获得了他们的一致支持，最后由富兰克林匿名撰写文章抨击教友会和富有的大商人，呼吁全体人民此时应该团结一致，保卫自己的家园。

11月17日，富兰克林以一个不具名的商人身份出版了一本名为《一个费城商人写的平凡的真理》的小册子。在这本小册子中，富兰克林用通俗易懂的语言告诉民众，费城实际上可能会腹背受敌，因为除了海上的敌舰之外，法国人还可能唆使附近的印第安人从背后进攻费城。只有在海上继续经商，在陆地上保卫生命财产的安全，才符合全体民众的利益。

同时，富兰克林还在这本小册子里抨击了不肯出钱的富有的商人，将他们比喻成"拒绝抽干正在下沉的船中之水，因为船上有一个自己痛恨的人也将和自己一道获救"的人。他积极呼吁"城里的中产阶级、农民、小店主和工匠"应立即行动起来，做自己应该做的事。如果他们的领袖不愿意行动，他们自己也应该行动。同时他还称自己有一项计划，只要大家愿意听，几天之内他将公之于众。

这本小册子一经出版，费城人民尤其是下层民众纷纷响应。3天后，富兰克林召开了一次预备性会议，到会的有100多人，多半都是工匠。在会上，富兰克林将成立民团的计划向与会者宣读了一遍。

不料他的话音刚落，听众已经准备好马上在条款上签字表示拥护了。但富兰克林认为，还是应该再征求一下富商绅士们的意见更为稳妥。

一周后，富兰克林再次召开大会，这次的到会者中有城内最主要的绅士和富商。在富兰克林的劝说和动员下，自愿加入民团的绅士和富商在文件上签了名。

短短两周时间，民团的人数就达到了一万多人，遍布全省各地。民团中的战士都纷纷把自己武装起来，编成连队和团队，还选出自己的长官，每周集合训练一次。费城联队的军官推举富兰克林为上校，但富兰克林自认没有这个能力，另外举荐了一个人。

富兰克林还提议发行奖券，以集资在城南修筑堡垒，装配大炮。由于费城缺少重机枪，他又派人从波士顿购置了39挺重机枪，同时还向伦敦订购了大炮。

由于从伦敦订购的大炮要次年春季才能到货，而这时私掠船行将到来的风声日益紧迫，民团派包括富兰克林在内的四人使团出使纽约，向纽约总督告借。经过富兰克林的劝说，纽约总督借出了18门质量上乘的火炮。

时间不长，这18门大炮连同炮架从纽约运回费城，装在炮台之上。富兰克林与其他战士一样，积极在民团中服务，像一名普通士兵一样按时轮班值勤。

在这一时期，宾夕法尼亚州的防务活动与年轻的富兰克林的名字是紧密相连的，富兰克林几乎成为宾夕法尼亚州的风云人物。尽管他拒绝了1748年议会选举的提名，但地方上的各个阶层仍然抓住他不放。他回忆说：

"我们政府的各部门几乎同时要我为他们效劳：总督任命我为治安推事；市政府选举我担任市议会议员，不久后又选我为市参议员；一般市民又选为我为州议会议员。"

不论此时的富兰克林多么心系他的电学实验，他还是身不由己地参与到地方的政治事务当中。

（四）

英西战争结束后，富兰克林心中早已有的一个愿望开始愈来愈强烈地涌动起来，那就是在宾夕法尼亚州创办一所学校。早在1743年时，富兰克林就曾提议创办一所高等学府，但没有成功。这时，他决心实现这一愿望。

要实现这个愿望，首先就是联络朋友中一些有志于此的人共同完成这一计划——其中相当大的一部分都是"共读社"的成员；接着，富兰克林编写出版了一本名为《有关宾夕法尼亚青年教育的建议》的小册子，并将它们免费赠送给城中一些有钱有地位的人。

在这本小册子中，富兰克林非常严肃地表示，第一批移民中有很多人都在欧洲受过良好的教育，但殖民地的教育却被忽视了。而现在，已经到了应该弥补这一疏忽的时候了。因此他提议：应由有闲暇并富有公益精神的人集资创办一所学院，以发展和提高宾夕法尼亚州的教育。

同时，富兰克林还描述了他理想之中学校的样子：首先，学校应该具备合适的校舍，"最好能距离一条河不远，有一所花园、果树、草地，有一两块田地"，而最为理想的应该是有一所图书馆，藏有"各国的地图、地球仪、一些数学仪器、一套供自然哲学和机械学实验用的仪器以及各种出版物，包括风景、建筑物、机械等等"；学校里的学生应"朴素、有节制和节俭地集体进餐"，并能够"经常进行体育锻炼，如跑步、跳跃、角力和游泳等"。

至于学生的学习内容，富兰克林认为，最好能够让他们学到一切有用的知识和一切有美化作用的知识。但学问长，时间短，因此建议他们学习那些可能是最有用和最能起到美化作用的知识，学习内容应与他们未来可能从事的若干职业相联系。

对于学校的教师，富兰克林认为，他们应该精通"算术、会计和几何、天文的基本原理……英语课能够讲授语法；在这方面，一些最好的作家应该是第一流的。……还应能够讲授阅读，他们的发音应适当、清楚，有所强调，而不是用平淡的语调，那会不足以表达文中的含义；也不要用舞台上用的语调，那样显得太矫揉造作"。

另外，学生还应该阅读各种自然史、商业史和"关于技术发明、制造业的兴起，贸易的进步，其所在地的变化及其原因等等"的历史，而"在他们读自然史时，难道不可以学习一点园艺、种植法、移植法和嫁接，不可以不时地短途旅行到邻近有最好的农民的种植园去，观察并了解他们的劳作方法以利于青年的知识培养"。

最后，富兰克林还强调：

"应该坚持不懈地将全体学生教育和培养成为具有表现为寻找和

抓住每一个机会去服务、去尽职的仁慈宽厚之心——这是被称作良好教养的基础。"

富兰克林所著的这本小册子，主要是为8~16岁的青少年定制的教育思想和教学内容，其实质是对当时流行的刻板而又循规蹈矩的学校教育制度的挑战和批判。富兰克林的这些教育思想，主要来自于他本人的亲身经历和北美殖民地仍处于开发阶段时对人才的实际需要，因此也代表了当时最先进的美洲人眼光。但遗憾的是，这种教育体制在当时还是难以实现的。

小册子散发出去后，富兰克林便开始为创办这样一所学校积极募捐和奔走。捐款人推选出了董事，并指定富兰克林和首席检察官法兰西斯起草学院的组织章程。同时，富兰克林和他的朋友们还忙于租校舍、请教师等实际性的筹办工作。

经过近两年的努力，1749年11月3日，包括24名董事的学院董事会成立了，富兰克林被推选为该校的校长，这一职位他一直担任到1756年。1751年1月7日，学院正式开学了。后来的费拉德尔菲亚大学就是这样创立起来的。

就这样，这位年轻而机敏的印刷工在勤劳艰苦的工作和学习中逐渐成熟起来，开始步入他人生中的一个辉煌时期，为费城人民作出了许多不朽的业绩：创建了北美第一家公共图书馆，组织了北美第一个哲学会，创办了第一流的报纸、杂志，创立了北美第一支消防队、专职警察机构、民兵自卫组织和学院，并在邮政和路政建设等事业中大放异彩。

第十一章　跻身于科学圣殿

　　我之所以为我，完全由于我的工作；我一生从不吃一块不由自己的血汗换来的面包。

——富兰克林

（一）

　　富兰克林从少年时代开始就十分热爱自然科学。他勤奋好学，善于思考，遇到问题总是喜欢追根问底。他研究的领域相当广泛，对天文、地质、生物、机械、化工、医学和光学等学科都有着浓厚的兴趣。但由于商务和政务活动繁忙，他难以坐在实验室里潜心从事科学研究。

　　不过，这并没有阻止他对自然科学的热爱。他经常将遇到的问题和有趣的现象记录在本子上，一有空就动脑动手，进行一些有意义的发明创造。

　　例如，富兰克林曾在儿时发明了一种调色板式的游泳加速器；在凯姆印刷所时，他研究制造了铜版印刷机；在《穷理查历书》中，他加入了许多有关天文历法的研究内容；他还发明制造了一种被广泛推广使用的"富兰克林火炉"等等。虽然这些都是零零碎碎的小发明创造，但却解决了生活中的许多实际问题，也显示出富兰克林作为一个自然科学家的巨大潜质。

早在公元前600年左右，古希腊的一些哲学家就发现，摩擦过的琥珀可以吸引细小的物体。这说明，人类对电和磁的认识由来已久，但对于电和磁的系统研究却是17世纪以后的事了。

1731年，英国科学家格雷（1670—1736）首次发现了有些物体能传电，而有些物体则不能的现象，这就粗略地将导体和绝缘体区别开来。同时，格雷还注意到尖端放电现象，从而开始猜测：电火花和雷电是不是一样的东西？

1734年，法国科学家查尔斯·杜飞（1689—1739）发现，将摩擦后带电的两根琥珀棒或两根玻璃棒悬挂起来后，它们会出现互相排斥的现象；可是，将带电的琥珀棒与带电的玻璃棒接触后，它们就会彼此吸引。而如果令它们互相接触，二者还将失去电的性质。由此，杜飞得出结论：电可以分为"琥珀电"和"玻璃电"两种，而且同性相斥，异性相吸。

到了1745年，荷兰莱顿大学的马森布罗克（1692—1761）和德国的克莱斯特（1700—1748）又各自发明了后来被称为"莱顿瓶"的蓄电池的最早形式。同时，格里凯发明的静电起电机也在18世纪获得了改进，它通过连续转动的摩擦随时可以方便地得到静电。

这两项电学仪器的发明，令许多科学家可以得到并积蓄电以供进行一些电学现象的观察和实验。不过，那时的人们对于莱顿瓶的瓶体本身（玻璃）、水和金属线在起电与放电过程中起什么作用还一无所知。

1746年夏，富兰克林返回波士顿探望母亲，同时也为祭奠辞世一周年的父亲。回到家后，他发现家中早已修葺一新，摆上了考究的家具，但由于没有了堆积如山的皂烛，富兰克林感到有些陌生，于是便到街上闲逛。不曾想的是，富兰克林在街上一下子就被来自英格兰的阿奇博尔·斯宾塞博士的精彩魔术吸引住了。

斯宾塞博士的所谓魔术，其实就是最简单不过的电学实验：他用摩擦生电的玻璃棒令彩色的纸屑翩翩起舞，用简陋的发电装置发出绚丽夺目的火花，当场击毙活蹦乱跳的母鸡，或者点燃远处的酒精灯……这样一个个惊险的节目表演令周围的围观者目瞪口呆，不时爆发出热烈的喝彩声和惊呼声。

富兰克林自然不会像那些围观者一样，但他的确被电的巨大魅力深深慑服了，并由此产生了许多想法和疑问：电到底是如何产生的？"玻璃电"与"琥珀电"有什么区别？电火花和闪雷是同一种东西吗？……

带着这些思考，富兰克林亲自拜访了斯宾塞博士，并与斯宾塞博士进行了彻夜长谈，随后他又花大价钱买下了斯宾塞博士所有的电学实验仪器和表演道具。

母亲对富兰克林的行为十分不解，对此，富兰克林认真地对母亲解释说：

"电是一种神奇的天赐之火。有了它，人间就会像天堂一样，充满了光明。"

（二）

富兰克林将这些实验仪器运到费城，然后便如法炮制地进行斯宾塞博士的"魔术"，观众就是"共读会"和"哲学会"的成员，还有他的一些好友和工人等。他们都对那美丽的电光和它产生的神奇力量惊叹不已，并认为这一研究必定前途无量，因此纷纷以各种方式支持富兰克林的工作。技术娴熟的银匠辛恩还设计出一台机器，这大大地减轻了富兰克林在进行摩擦生电时的劳动强度。

不到几个月，富兰克林就从实验中得到了不少新发现，解决了当时电学中亟待解决的问题——"莱顿瓶"的作用和原理。从中，富兰克林得出极为重要的结论：

"电火花并不是由摩擦产生的，而是被收集起来的。电的确是一种在物质中弥漫着的、又能为其他物质，尤其是水和金属所吸引的基本要素。"

同时富兰克林还认为，"电火是永远不会被毁灭的"，"莱顿瓶"的全部力量和它的受震的威力都在瓶子的玻璃中间。至于与瓶子内外两面相接触的金属片，只能尽到发出电和收受电的功能。换句话说，电是从瓶子的一面发出，从另一面收受，即：电是一种在平常条件下以一定比例存在于一切物质中的要素。在富兰克林看来，电就是一种单纯的"流质"。

通过实验和结论，富兰克林初步解答了电是从何而来以及"莱顿瓶"的作用等问题，否定了在此之前科学家们关于"莱顿瓶"之所以能够发生强烈的放电是由于瓶中之水或金属箔金属线所致的推测。也就是说，富兰克林将"莱顿瓶"实验的神秘面纱揭开了，并将其置于一个可为人们所理解的科学基础之上。

富兰克林的这个结论为19世纪法拉第（1791—1867）对电介质所作的进一步研究奠定了基础。

经过研究，富兰克林又认为：既然电是一种单纯的"流质"，那当玻璃受到摩擦时，电就会流入玻璃中，使它带"正电"；而当琥珀受到摩擦时，电就会从琥珀中流出，使它带"负电"。于是，富兰克林就相应地将"莱顿瓶"内外两面的电荷正式定名为正电与负电或阳电与阴电，并用正号"＋"和负号"－"来表示它们。

　　这是电学史上的一个创举，富兰克林也成为世界上第一个使用正电和负电概念来解释电学实验的人，从而为电荷守恒定律的发现奠定了理论基础。同时，他对"莱顿瓶"的研究也使科学界正确地了解了它的作用，并认识到了绝缘体在电学中的重要作用。1788年，法国科学家库伦（1736—1806）发现电荷之间相互作用力的著名定律，就是从富兰克林的这一研究概念出发的。这是富兰克林在电学史上的一大出色贡献。

　　1749年，富兰克林又在上述结论的基础上提出了著名的"一流论"（"单流质说"的电学理论），反对杜飞将电分为"玻璃电"和"琥珀电"两种截然不同的流体的"二流论"（"双流质说"）。

　　富兰克林认为，所有的自然物体中都含有电，电只有一种，物体所带的正负电取决于其含电太多或含电太少。当物体中所含的电超过了正常含量，即电太多时，这种物体就起了正电；相反，如果少于正常含量，即电太少时，物体就起了负电。电虽然能用正负符号来表示，但不能把它们看做是截然不同的两种流体。这也是电学史上第一个明确的、前后一致的电学学说。

　　鉴于富兰克林在电学研究方面所作出的杰出贡献，他的名字被国际物理学界命名为公认的电量单位——若一个电荷处于真空中，在距离1厘米处有一个带同种电的点电荷，当它们之间的相斥力为1达因时，则该电荷的电量规定为1富兰克林。1富兰克林就等于现在通行的电量单位$1/3 \cdot 10^{-9}$库仑。

（三）

　　在进行了大量的电学实验之后，富兰克林其实已经走到了他对大气电学作出重大发现的边缘。不过，富兰克林并没有因取得的成绩而沾沾自喜。在给朋友的信中，他抒发了一个科学家勇攀高峰的精神和虚怀若谷的气度：

"……在进行这些实验时，我们建立了多少很快就被自己发现不得不摧毁的美妙体系啊！如果没有发现电的其他用途，这一点无论如何都不能忽视，即它能够有助于使一个骄傲的人变得谦虚……"

在当时，雷电这种具有巨大破坏性的可怕的自然现象的本质是什么，对人们来说还是一个谜。那时比较流行的看法认为它是"上帝之火"，是天神在发怒；也有人猜测雷电是一种毒气在天空爆炸。

为了弄清雷电的性质，富兰克林决定进行一次伟大而危险的尝试。

就在富兰克林从电学实验中得出"单流体说"结论的同时，1747年7月11日，他就已发现"尖形物体在吸入和放出电火上的神奇效果"了。此后，费城的一些公共事务占去了他一段时间。到1748年9月29日，富兰克林从商务活动中脱身，并迁入新居，此后的生活如富兰克林自述的那样：

"我将不再有其他的任务，只愿自由自在地想从事并享受被我视为莫大幸福的东西：有闲暇去读书、研究、做实验，同那些愿意尊称我是朋友或熟人的才华横溢、可敬的人进行广泛的交谈。"

经过一系列的实验研究，1749年11月7日，富兰克林在他的实验记录中写道：

"……电的流质同闪电在这样一些方面是一致的：发光、光的颜色、弯曲的方向、迅疾的运动、由金属而发生、有爆炸声、存在于水或冰中、撕裂或震动通过的物体、击毙动物、熔化金属、使可燃物着火、具有硫黄味。电流质被尖状物体吸引。我们不知道雷电是否具有这一特性，但鉴于它们在所有我们已经作过比较的各方面都相一致，它们可能在这一点上也是一致的。不过，还是让我来做一做这个实验吧。"

富兰克林的这一决定并不是出于一时心血来潮，他的目的是要解决雷电的性质这一科学论题，以便让真理造福于人类。因为关于"尖形物体在吸入和放出电火上的神奇效果"的说法曾令他浮想联翩，由此还产生了制造避雷针的念头。他在给友人柯林斯的信中说：

"如果能证明事情的确如此的话，那么，是否可以把这一知识用于为人类服务，以便保护房屋、教堂、学校及船舶等免遭雷击呢？其办法就是在这些建筑物的最高处安放一个形如针尖的铁条，为了防锈，这种铁条应该镀上金。在铁条的底部连上铁丝，从建筑物的外面通到地面，或者绕在船上的支桅索而下，从船边延伸到水中。这似乎有些异想天开了，但目前请让它得到传阅，直到我寄来详尽的实验报告。"

这是富兰克林最早的关于避雷针的设想。

（四）

1750年7月29日，富兰克林通过柯林斯正式公开向英国皇家学会提议进行证明雷电是电的实验。而在这之前的9个月，富兰克林自己已经决定要做这个实验了。同时，他还详细地介绍了实验的方法：

"在某一处高塔或塔尖上放置一种守望棚，大小足够容纳一个人和一个电座。在电座中央竖立一根铁竿，将这根铁竿弯起来通到门外，然后再垂直竖起20~30英尺高，顶端十分尖锐。如果电座保持干净和干燥，人站在座上，当雷雨云经过时放出电和火花，铁竿就会把火从云中吸向他。如果担心人有危险（虽然我认为没有危险），可让他站在棚里的地板上，不时地用金属线圈去接近铁竿。金属线圈的一端要有皮带，他用一根蜡做的把握着它，那铁竿在受电后就会从铁竿传往线圈而无害于人。"

当时的富兰克林还不清楚这种实验的巨大危险性，只是凭想象力认为这样是没有危险的。然而抑制不住的冲动让富兰克林在1750年圣诞节的前两天做了一次实验，差点酿成一场惨剧。

那天在实验中，富兰克林准备用两只大玻璃缸中引出的电杀死一只火鸡，当他"一只手在连接着的顶部电线上，另一只手握住与两个缸体表面都相连的一根链子"时，突然蹿出一道耀眼的电光，同时还发出如同爆竹一样的巨大响声。富兰克林应声倒地，整个身体都剧烈地颤抖起来，握着链子的手也蜷缩成鸡爪状；同时双目紧闭，面无血色。

十几分钟后，富兰克林才渐渐清醒过来。他慢慢地睁开眼睛，用微弱的声音告诉周围紧张的人们说：

"我似乎见到了上帝。"

科学家也会犯错，但科学家的过人之处就在于他们能够从错误和失败中揭示出鲜为人知的真理的奥秘。从这次电击事件发生后，富兰克林得出了一个结论，那就是：串联起来的足够多的电瓶可以释放出如同雷电那样巨大的电流。而下一步他要做的，就是让闪雷自己来证明：我就是在剧烈地放电！

不过，英国皇家学会对富兰克林的实验提议并没有给予重视。1751年，富兰克林发表了他的关于电学实验的小册《本杰明·富兰克林在美洲费城所作的电学实验和观察》，这一新思想在法国引起了较大的轰动。1752年初，富兰克林的这本小册子被译成法文发表，众多科学家和公众都为之激动，法国国王还亲自观看了实验哲学大师M·德·洛尔为他演示的"费城实验"。

一些科学家对富兰克林的这个实验很感兴趣，决定遵循富兰克林的提议，进行更大规模的实验。

1752年5月10日下午2点20分，达利巴尔和6位同行在巴黎郊区的一座花园中用12米的铁杆从地面吸引雷电。随着一声开枪射击般的巨大声响，实验获得了成功。至此，富兰克林的想法不再是推断，而成为事实。

（五）

虽然已有科学家证实了富兰克林关于雷电与电的性质的推断，但富兰克林还是希望能够亲自通过实验验证他的关于雷电和电性质相同的这一假设。因此，他找到一座较高的建筑物，以便能从天空的云层中引下电流进行他的实验。

1752年6月的一天，天空阴云密布，雷电交加。望着电闪雷鸣的天空，富兰克林冥思苦想：该找什么来引下电流呢？

忽然，他想到儿时放过的那只蓝色的大风筝。想到这里，一个大胆的念头在富兰克林的脑海中出现了：借助一只普通的风筝就能够进入带雷电的云层，从而完成实验。

于是，富兰克林马上与儿子威廉一起动手，制作了一只大风筝——两根木条拼成风筝十字形的骨架，上面蒙上一块丝绸，这样就形成了风筝的身躯和两翼。然后，富兰克林又在风筝上端固定了一根尖尖的金属丝，在风筝的末端还绑上一把金属钥匙。

随后，富兰克林和威廉将做好的大风筝升入天空。时间一点点地过去了，父子俩焦急地等待着，却没有发现任何带电的迹象。

忽然，一团乌黑的云朵飘过，富兰克林猛然发现，风筝线尾端的麻绳纤维间相互排斥地耸立起来，就好像悬垂在普通的导体上一样。富兰克林异常欣喜，下意识地用手伸向钥匙，结果他受到了强烈的电击。

　　大雨很快便从天而降。当雨水打湿麻绳时，富兰克林看到了异常美丽的电火花。

　　实验获得了成功，至此可以证明：闪雷与电属于同一种物质。富兰克林欣喜若狂，简直难以自持。但为了进一步对这一问题进行研究，富兰克林直到10月才将这一实验结果公布出来。

　　10月19日，富兰克林的第一篇关于用风筝验证雷电的报道发表在《宾夕法尼亚报》上，并对自己利用风筝验证雷电性质的细节进行了全面而详细的介绍。

　　根据这一实验结论，富兰克林开始思考有关避雷针的发明。在1753年的《穷理查历书》中，富兰克林就畅谈了他关于避雷针的设想。他在书中写道：

　　"准备一根小铁棒，但要有一定的长度，一端插入潮湿的地下3~4英尺，另一端要高出建筑物顶端6~8英尺。在铁棒的上端绑上1英尺普通针织针那么大的铜丝，并磨出一个尖尖的头。铁棒可以用一些小锁环固定在房顶上。如果房顶是长形的，可以在两侧各竖上一根带尖头的铁棒，用一根金属丝连接起来。一幢有这样装置的房子，就不会被雷电所击毁了。闪电被尖头吸引通过金属线进入地面，从而不会毁坏地面上的任何物体。同样，在船的桅杆顶端安装尖头铁棒，从铁棒底部接出一根金属线，顺着桅索延伸到水中，船只也可以免遭雷电的伤害。"

　　几乎在同一时期，富兰克林还进行了另一项有关雷电的实验：将一根尖尖的铁棒固定在房顶的烟囱上，并向上伸出2.7米左右，从铁棒底部伸出一根金属线穿过屋顶下的玻璃管，并通过楼梯引下，与铁矛相连接，在楼梯上将金属线分开，每端各系一个小铃铛，再用丝线在铃铛之间悬起一个小铜球。每当雷电经过时，铜球就会摆动，并敲打铃铛，发出响声，而上方引出的电火花又能够为电瓶充电。

　　这一实验再次证明了闪雷就是电以及尖端吸引和放电的原理，同时还证明了可以利用这一原理使人类免遭雷电的袭击。富兰克林把这一装置安装在政府大楼和宾夕法尼亚学院的尖塔上，这或许是富兰克林发明并实际运用的最早的避雷针了。

　　这些实验的成功，使伦敦学会终于为富兰克林的成就所震撼。1753年1月30日，伦敦学会将学会的最高奖励——戈弗雷·科普利奖章授予富兰克林。1756年4月，学会又通过了接纳他为学会会员的决议。

　　同时，这个曾以"沉默的多古德"的笔名为不能上大学而自我解嘲的年轻人，还通过这一研究发明实现了他的大学梦想：负有盛名的哈佛大学、耶鲁大学先后授予富兰克林荣誉文学硕士学位。自学成才的富兰克林终于堂而皇之地跻身于科学的圣殿之中了。

第十二章　奥尔巴尼联盟计划

最难抑制的情感是骄傲，尽管你设法掩饰，竭力与之斗争，它仍然存在。即使我敢相信已将它完全克服，我很可能又因自己的谦逊而感到骄傲。

——富兰克林

（一）

1751年8月13日，在州议会担任了15年文书的富兰克林被选为州议员。他的儿子威廉·富兰克林申请并获准继任议会文书的职位。在此之前，威廉曾于1746年参加了远征加拿大的行动。

在那以后的5年当中，宾夕法尼亚州议会中的议题主要是3个：印第安人问题、纸币问题和业主领地交税问题。

在对待印第安人的问题上，英属北美殖民地内部一直存在着严重的分歧，尤其是宾夕法尼亚州。在英国殖民当局眼中，印第安人就是魔鬼的信徒，是无法同化的野蛮人和异类，因此主张用残酷无情的暴力手段将他们斩尽杀绝，或将他们驱逐到远离文明的蛮荒之地，任其自生自灭。

对于这一主张，富兰克林向来嗤之以鼻。他不仅基于人道主义角度对印第安民族怀着深深的同情和敬意，而且也从现实角度出发，认为英勇善战的印第安人是不可能被斩尽杀绝的。

而宾夕法尼亚教友会的教友们对印第安人却提倡采取安抚政策，一心想对印第安人实行安抚收买的政策。但富兰克林很清楚：贿赂安抚的方法只能奏效一时，不可能长久，而且目前费城的财政状况也逐渐恶化，这主要是由于税收制度混乱无序引起的。地租和地价疯长，费城的大业主们个个腰缠万贯，但却拒绝交纳任何捐税。议会一再要求业主纳税，为对付印第安人作贡献，但却遭到拒绝。业主们声称：印第安人的骚扰和入侵并不是土地所有者引起的，真正的麻烦是教友会的和平主义政策和宾夕法尼亚毫无抵御能力。

对于这种争论，富兰克林冷静地进行了思考。虽然他既不是腰缠万贯的大亨，也不是把持立法和行政大权的议长、总督，仅仅是一名刚刚上任的议会议员，但他具有科学的思辨精神和精准公允的判断力，再加上多年来的公职生涯在民众中建立起了崇高的威望，因此具有广泛的群众基础，代表着一种健康向上的强大力量。

经过缜密的思考，富兰克林认为，议会应该采取有效的军事防御措施，同时也对印第安人实行宽舒友好的和解政策；而业主们也应履行公民义务，按时纳税，为费城的各项建设事业作出贡献。

为此，富兰克林多次与总督汉密尔顿交流，希望他能主动与弗吉尼亚、马里兰等殖民地联络，共同商讨联合防务等问题，保卫边境地区的安宁。这一时期，富兰克林脑海中的英属北美殖民地已经不再是一个相互隔绝的孤岛，而是北美东部沿海地区紧密相连接在一起的大片美丽富饶的土地。

然而，自以为是的总督汉密尔顿将富兰克林的话当成了耳旁风，倒是弗吉尼亚总督罗伯特·丁韦迪捷足先登，于1753年9月初在弗吉尼亚北部与印第安人联盟进行了谈判，并达成了一项和解协议。

汉密尔顿获得这一消息后，仿佛抓住了和平的曙光，总算找到了谈判的希望。对于谈判的人选，在议会中稳健公允、卓有见地的富兰克林成了最佳人选，另外还有议长艾萨克·诺里斯和参事会秘书理查德·彼得等。

9月22日，富兰克林等3名特派员带着礼物前往谈判地点。经过5天的长途跋涉，他们终于来到了事先约好的谈判地卡莱尔镇。

这是富兰克林第一次面对面地与印第安人打交道。他意外地发现，这些印第安人不但英勇善战，粗犷豪放，而且在进行外交谈判方面也是行家里手，并且充满了原始古朴的智慧和极其独特的风格。经过一系列的谈判后，富兰克林渐渐对印第安人产生了更多的了解。他觉得，印第安人的确是一个值得同情和尊重的古老民族。

两天后，艰难的谈判结束了。这也是宾夕法尼亚州与印第安人关系史上的一次重要交流。在经历了长时间的争斗之后，双方都通过此次谈判开始了互相尊重、和平相处的尝试。同时，这次谈判也成为富兰克林个人政治成长史上重要的一页。他在谈判中所表现出来的策略和技巧，以及在复杂环境中对所赋权力的灵活运用等，对谈判的成功起到了至关重要的作用。可以说，此次谈判也是富兰克林杰出外交生涯的起点。

（二）

1754年5月，富兰克林接到总督汉密尔顿的通知，要求他立即赶赴奥尔巴尼召开会议。在这次会议上，富兰克林的使命是代表宾夕法尼亚州参加由英国商务大臣倡导、由纽约总督主持的各殖民地防务会议，同时还要同印第安部落联盟进行谈判，商讨联合反击法国人进攻等重大事务。

卡莱尔的谈判仅仅是宾夕法尼亚与印第安人之间的一次外交接触，它所影响的区域和时段都是很有限的，但这次会议则不同。这次会议对北美的历史发展进程和当地人民民族意识的觉醒产生了深远的影响，是美国建国史和革命史上的一个重要里程碑，而富兰克林则是这一事件中的一位最关键的人物。

早在1751年3月，富兰克林就收到他在纽约的合伙人约瑟夫·帕克的来信，信中还附有一份手稿。从这封信中富兰克林得知，这是纽约州参事会一名参事写的关于北美殖民地联合的论文。他知道，帕克是要听听他的看法。

于是，富兰克林提笔给帕克回了一封信。在信中他指出：各殖民地的联合已经"势在必行"，但必须以适当的方式加以实施，"较之英国国会强加的联合，由各殖民地加入的自愿联合要好得多。因为自愿的联盟不仅实施起来不难做到，而且易于根据经验和形势对它加以改进"。

这一年，富兰克林还写了一篇《关于人口增长及向各地殖民的几点意见》的文章，详细地分析了北美殖民地的人口状况和劳动力价格之间的关系以及殖民地经济和宗主国的关系。这篇文章所得出的结论是：人口日益增长的美洲是制造业日益扩大的市场，无论对英国还是对美洲都是如此，"所以，英国不应过多限制殖民地的制造业，因为一位明智的好母亲不会那么做。限制就等于削弱，而削弱了孩子也就削弱了整个家庭"。

在这里，富兰克林将北美殖民地同宗主国英国看成一体，主张殖民地联合也是在大英帝国范围内的联合。

在文中，富兰克林还以北美殖民地与宗主国英国为一体为前提，论述了北美殖民地的边疆对大英帝国的功能。他指出，美洲在一个世纪后将容纳最大部分的英格兰人，因此美洲的边疆也就是英国的边疆，一个正在兴起的美洲殖民地同样也属于扩大着的英国的一部分。因此，他强调：

"对英国来说，同法国缔结条约来确定其殖民地与法国殖民地的边界是极其重要的事，英国在获取足够的空间问题上应该极其小心谨慎，因为这个空间将大大解决人口增长的问题。"

当时在北美，英、法两国假定，英国有权占领阿勒格尼河以东的大西洋沿岸，法国有权占有加拿大和路易斯安那地区。但由于印第安人分布在从阿巴拉契亚山到密西西比河之间，领土界限不明确，因此英国人和法国人都纷纷向它侵入，同印第安人进行皮货交易。

总体来说，进入那一地区的英国人较多，但也都属于个人活动，与政府没什么瓜葛。而法国人则于1753年派了一支官方探险队前往俄亥俄一带构筑堡垒，其实是向英国人和印第安部落发起挑战。

应印第安人首领的请求，弗吉尼亚总督丁韦迪派当时年仅21岁的乔治·华盛顿携带一份通牒送交给法军指挥官，但却遭到了法国人的拒绝。在这种情况下，弗吉尼亚总督丁韦迪派人在俄亥俄河岔处修筑了堡垒，并准备抗击进犯，同时在弗吉尼亚军队准备就绪后，立即派遣华盛顿前去增援。此外，丁韦迪还通知宾夕法尼亚总督哈密尔顿，要求宾夕法尼亚军队在1754年3月初前往波托马克与弗吉尼亚军会合。

然而，宾夕法尼亚州议会中多数教友会信徒却拒绝为这次军事行动拨款。直到5月，俄亥俄河岔口的堡垒落在法国人手中，议会才决定拨款1万镑，同时派出使者前往奥尔巴尼，会同其他殖民地的使者在英国商务部主持下召开会议。州参事会的约翰·比尼和理查德·彼得以及州议会的伊萨克·诺利斯和富兰克林奉派出使，并于1754年6月17日抵达了奥尔巴尼。

（三）

奥尔巴尼会议原定于1754年6月14日召开，但除了东道主纽约的代表之外，只有马萨诸塞、马里兰和新罕布什尔的代表如期而至。随后，富兰克林一行到会，印第安部落的代表也姗姗来迟。弗吉尼亚总督丁韦迪此刻正在全力阻止对俄亥俄地区的远征，根本无暇参加会议。新泽西州则没有接受邀请。此外，罗德艾兰和康涅狄格的代表则是不请自来，表现出了一种不同寻常的主动精神。

6月19日上午，会议在奥尔巴尼市政府的会议厅中正式召开。纽约总督詹姆斯·德兰西斯宣布了致辞，并宣布了会议的日程：由全体代表推举出一个委员会，该委员会负责为总督起草一份对印第安人的讲话稿，经全体代表修改通过后，由总督代表各个殖民地向印第安人致辞，并赠送礼品等进行慰问，最后与印第安人结成永久友好的联盟，共同对抗法国人的入侵——这就是会议的最终目的。

6月24日，代表们进行讨论之后通过一项重要的决议：认为有必要建立一个殖民地联合体，并为此指派一个由各地代表组成的委员会，富兰克林也是委员会的成员之一，共同起草有关建立殖民地联盟的文件。28日，委员会提出了一个名为《简单构思》的方案。

就在与会代表积极发言，商讨如何同印第安人签订条约的同时，华盛顿的军队在尼谢西提堡垒向法军投降。此时，英、法之间争夺北美的战争已经开始了，代表们更加感到联合起来的重要性和迫切性。但在如何联合的问题上，仍然存在着较大的分歧。

91

由于许多有识之士已经认识到了殖民地联合的重大意义，因此其他代表也纷纷向大会提交了一些联合计划。但经委员会和代表们的认真分析和研究，认为还是富兰克林提出的方案最为妥善，遂要求富兰克林以《简单构思》计划为蓝本，并吸收其他代表计划中的某些有效成分，重新起草一份联合计划，提交会议重新讨论。

7月9日这天，富兰克林没有参加会议，而是一个人在房间里对计划进行修改、增删和充实，直至第二天凌晨才完成。

10日，富兰克林在会议上宣读了他刚刚拟就的草案。根据这一方案，英属北美13个殖民地应成立一个联邦政府，由英王任命和支持的联邦总理负责治理；各殖民地的代表在各自的议会召开会议，推举出代表组成联邦参政会，作为联邦的权力机构；联邦政府享有征税、组建和装备军队等权利。

富兰克林的这一计划是一个具有创建性和科学性的联合计划，第一次提出了在北美实施"联邦制"和"代议制"相结合的政治体制。

草案宣读后，代表们都一致通过。随后，该计划的抄本被分别送往各殖民地议会，包括未派代表出席会议的新泽西、弗吉尼亚和南、北卡罗来纳的议会。

然而，这一草案却没有一个州的议会表示接受，包括富兰克林所在的宾夕法尼亚在内。富兰克林认为，各州议会不赞成这个计划，是因为"它们都认为联邦政府的权力太大了，但是在英国，人们却认为这个计划过于民主，所以商务部不会赞成，当然也不会提请英王来批准了"。

这个"如果能被采纳，将会使大洋两岸幸福"的计划草案没有获得通过，富兰克林深感遗憾。不过，富兰克林从奥尔巴尼会议中还是获得了一定的收获，那就是同其他殖民地有影响的人建立了友谊。

通过与他们的交流，富兰克林认为，大英帝国与北美殖民地除了被大洋隔开之外，其他都应该是一体的；北美洲殖民地应该加以扩大，向阿巴拉契亚山那边求得发展；倘若法国人占据那块土地，将会成为永久性的威胁，英国人应深入有争议的地区去保护业已获得的一切；在那里，英国人还应同印第安人保持和平的贸易往来，向他们购买土地，促使其繁荣发展。

在大英帝国和北美殖民地的关系中，富兰克林始终坚持和强调的一点就是：殖民地应该享有自治权。在奥尔巴尼会议结束之后，富兰克林没有马上返回费城，而是在纽约、新英格兰地区逗留了几天。在那里，他四处游说、巡访，并与不少持有不同意见的人进行了争论。他认为，北美殖民地在英国国会中应有自己的代表参与制定与殖民地有关的立法；如果不允许北美殖民地代表进入英国国会，那么国会在设立立法时也应该注意其公正性，不应只顾及英国某一部分人的利益，损害北美殖民地的利益，否则便会存在"未来的分离之危险"。

由此可见，在美国革命前的20年，富兰克林其实已预言到了这场革命的爆发。

有一次，富兰克林到一位前辈家拜访。当他准备从小门进入时，因小门的门框过于低矮，他的头被狠狠地撞了一下。出来迎接的前辈见状，微笑着对富兰克林说："很疼是吧？可是，这应该是你今天拜访我的最大收获。你要记住：要想平安无事地活在人世间，你就必须时时记得低头。"从此，富兰克林把"记得低头"作为自己毕生为人处世的座右铭。

第十三章　在边境危机的日子里

没有任何动物比蚂蚁更勤奋，然而它却最沉默寡言。

——富兰克林

（一）

就在大英帝国及其所属的北美殖民地频频派遣官员谈判，企图以贿赂和拉拢的手段换取和平时，早已对北美殖民地垂涎三尺的法国人已经不宣而战，开始秘密行动了。

为了控制并最终夺取富裕辽阔的俄亥俄地区，法国人组织了多支远征军，并联络了一批印第安人部落，沿着俄亥俄河迅速向前推进，在俄亥俄河沿岸修筑工事，建立军事基地，并设置岗哨，军队一直推进到俄亥俄上游地区。与此同时，他们还在安大略湖装备了一支强大的舰队，随时准备顺流而下，为地面部队提供援助。

面对法国人的态势，英国人也不示弱，各殖民地都纷纷着手进行准备，尤其以弗吉尼亚的行动最为迅速。1754年春，弗吉尼亚总督丁韦迪派出一支300人的远征军前往俄亥俄流域，试图阻止法国人的侵略军。这支远征军的指挥官就是后来威震天下的大陆军总司令乔治·华盛顿，他率领着这支临时组建、装备简陋的地方武装在俄亥俄地区与法国正规军和勇猛凶悍的印第安武士进行了殊死搏斗，首战告捷。但在此后的困苦堡一战中，大陆军遭到敌军的重重围困，虽给敌人以重创，但终因寡不敌众而遭惨败。

远征军虽然失败了，但它标志着英法战争已经拉开序幕。此后，在北美、欧洲以及世界各地都相继出现了一系列大规模的战事。

1755年春，北美大地再次燃起战争的硝烟。困苦堡的失败与法国人在俄亥俄地区步步紧逼的态势引起了英国王室的高度关注，英国政府决定在北美地区采取大规模的军事行动，以彻底击溃法国人，登上世界霸主的宝座。

为了实现这一宏大的目标，英国政府委任经验丰富的沙场老将爱德华·布雷多克将军为这支军队的元帅，负责此次作战行动。

不久，布雷多克便率领两个团的精锐部队在一支皇家海军舰队的护送下开往北美大陆。2月，这支部队在弗吉尼亚的汉普敦登陆，展现在北美人民面前的，是一支纪律严明、军容威武的欧洲职业军队。行进在队伍最前列的是布雷多克等高级军官，他们都骑着高头大马，腰挎战刀，肩头和胸前佩戴着金光闪闪的各式军标和徽章，一个个肃穆庄严，威风凛凛。

随后跟着的是精锐的步兵团，士兵们也都个个全副武装，排着整齐的队伍，昂首阔步行进着。

这可真是个令人惊心动魄的场景：军旗猎猎，战马萧萧，鼓乐齐鸣，刺刀和枪械在阳光下发出刺眼的光芒。此情此景，让千千万万北美人民感慨万千：这样的队伍，还有什么力量能够阻止它们前进的步伐呢？

这支英国军队的战略意图十分明确：从新英格兰等地向北向西出击，将法国人从安大略湖和伊利湖之间的尼亚加拉地区及宾夕法尼亚和弗吉尼亚境内赶出去，并收复俄亥俄流域地区。

4月，布雷多克将军在亚历山德里亚同马萨诸塞、纽约、宾夕法尼亚、马里兰和弗吉尼亚的总督进行会谈，以商议布雷多克军队的军需和运送问题，最终决定由弗吉尼亚、马里兰和宾夕法尼亚3个州负责承担。弗吉尼亚招募了年轻的美洲士兵加入到布雷多克的部队中与法军作战，宾夕法尼亚州则委派富兰克林为这支军队解决行军中的运输问题。

从表面看，人人都希望英军打胜仗，可当事情一触及到本地区或个人的切身利益时，就有人开始斤斤计较了，甚至流露出狭隘的地方主义或个人主义情绪。

比如，武装起来的民兵可以为保卫本乡本土战斗，但却拒绝为保护其他殖民地而战；各地议会可以为本地区作战的英军提供给养，但却不愿在本土以外作战的其他行动中给予配合；业主们都希望军队可以保护他们领地的安全，但却不愿出资在其他地区进行军事行动……

所有的这一切，让准备与法军主力决战的布雷多克将军非常焦急。他急需大批民兵与之协同行动，更需要各个殖民地能给予部队支持和配合。

（二）

当布雷多克将军正为殖民地人民不配合作战的情况发愁时，富兰克林正在纽约。不久，富兰克林就接到费城议会要他速归的急信。

富兰克林很清楚，这场战争的胜负不仅取决于交战双方军事力量的强弱和战略水平的高下，更取决于两个强国之间的综合实力。因此，单靠这些远道而来的少数英国正规军来打胜仗是很难的，还需要各个殖民地民兵武装的全力配合，更需要各地提供充足的经费和军用物资来支援这场战争。

然而，当时的北美殖民地虽然经济有了一定的发展，但由于地域辽阔、人口分散，资金长期匮乏，再加上各地区及北美与宗主国之间日渐复杂的矛盾，要想在短时间内调集各地的人力、物力和财力来配合英军作战，还是相当困难的。

不过，富兰克林在接到急信后还是马上动身返回费城。在费城，富兰克林详细地了解了州议会成员的意见，然后决定亲自到马里兰的弗雷德里克面见布雷多克将军。

当富兰克林和儿子威廉在弗雷德里克找到布雷多克将军时，布雷多克正在焦急地等待着他的副官们征集运货车辆的消息。

富兰克林父子在这里住了下来，每天设法与将军见面，一起进餐交谈，以便消除将军对各个州议会的成见与误解，并表示愿意协助将军作战。

富兰克林告诉布雷多克将军，在他到达北美之前，宾夕法尼亚议会已经为防务做了大量的工作，花费了不少钱财，并且愿意随时为布雷多克将军的部队服务。同时，他还将自己为布雷多克设计的一套与各自总督联络的最佳方法做了详细的介绍。

就在这时，布雷多克派出去征集马车的报告返回来了：副官们只征集到区区25辆货车，其中还包括一些破旧不堪、根本无法使用的车辆。这一消息让布雷多克大惊失色，并开始埋怨英国政府命令他的军队在缺乏运输工具的地区登陆，这将对战争毫无益处。副官们也纷纷议论，认为这次远征必败无疑。

这时，富兰克林插话说：

"如果将军愿意在宾夕法尼亚登陆的话，那里每一家农户都可以提供运货的马车。"

布雷多克将军听了，马上请富兰克林帮他们设法征用马车。于是，在商定好给车主的报酬后，富兰克林父子返回宾夕法尼亚。

随后，富兰克林在兰卡斯特、坎伯兰和约克等地登了多则广告，以切身利害关系，实际上也利用自己的号召力，为英军征集了150辆四马货车和200多匹驮货的马，并亲自担保：车马若有损失，照价赔偿。

不久，富兰克林又为军中的军官设法解决了一些日用品。其后，富兰克林应布雷多克之请，继续为军队采办军粮。

6月初，大规模的军事行动开始了。英军各路人马在坎伯兰集中后奉命出发，随行前往的还有华盛顿率领的几百名弗吉尼亚民兵以及由克罗根带领的100多名印第安武士。依照英国军方的部署，这次行动的目标是迪凯纳堡。

布雷多克将军有40多年的从军经验，可谓指挥果断，带兵有方。但是，他的经验仅仅限于在欧洲统率雇佣军作战，缺乏在北美环境当中与地方武装及印第安部落协同作战的经验，对北美地区的风土人情更是缺乏了解。

而且，他对美洲殖民地人民和印第安人的作用也估计得过低，因此在这些民兵和印第安武士面前，总是表现出一副傲气十足的样子。尤其是对军中随行的100多名印第安人态度冷淡强硬，轻蔑无理，这大大地挫伤了印第安人的自尊心。结果刚刚行军不久，这些本可以作为向导、侦察兵的印第安人就纷纷离去。

不久，随军的华盛顿又突然病倒了，这让这支失去印第安人帮助和华盛顿辅佐的军队犹如盲人瞎马一般，在危机四伏的地带缓缓行进。

可是，布雷多克将军却对自己军队的战斗力充满自信。他告诉富兰克林说，他准备在攻下法军从弗吉尼亚手中夺去的迪凯纳堡垒后，直取尼亚加拉，然后进攻弗兰提纳克。他还说，有三四天的时间便可攻下迪凯纳堡。

当富兰克林提醒他要注意印第安人的伏击战术时，布雷多克不屑地回答：

　　"这些野蛮人对于你们未经训练的美洲殖民地民兵来说可能是强敌，但对于英王陛下那些训练有素的正规军来说，先生，他们是微不足道的。"

（三）

　　7月9日，布雷多克将军率领的部队渡过了莫诺加希尔河，进入一片茂密的山林，结果遭到一支法国人和印第安人组成的部队的突然袭击。由于布雷多克不听华盛顿的劝阻，坚持要用英国传统的作战方法，致使密集的部队完全暴露在敌人的火力之下，队伍很快便伤亡过半。布雷多克也身受重伤，几天后不治身亡。

　　对于这次战役的失败，富兰克林后来写道：

　　"这件事第一次使我们美洲殖民地人民想到：我们对于英国正规军的英勇无敌推崇备至是毫无根据的。"

　　英军如此轻易地就被战败，让各个殖民地都开始纷纷组建和扩充自己的民兵武装，并有意识地加强殖民地之间的联络，试图依靠自己的力量保卫家园。这就在客观上有力地推动了北美殖民地自治和联合的历史进程。

　　英国远征军的惨败助长了法军的嚣张气焰，他们几乎毫无阻拦地向东推进了160千米，并成功地利用印第安人各部落之间的矛盾离间了他们的关系。曾经与殖民地签订友好协议的印第安人也纷纷倒戈，一些好斗的印第安部落还对英国殖民地的边境地区进行疯狂的掠杀。

　　这场边境危机也波及了宾夕法尼亚境内。在法国人的怂恿下，一向与宾夕法尼亚友好相处的印第安德拉瓦尔部落开始对宾州的西部地区发动武装袭击，流血事件频频发生。居民不堪忍受这突如其来的灾祸，纷纷逃离家园。

边境居民们还纷纷谴责那些在议会中占据支配地位的教友派议员，认为正是他们反对一切战争的教义和不抵抗政策导致边境地区出现此种无防御的状态。同时，他们也愤怒地抨击宾夕法尼亚的业主，认为是他们在西部的野蛮扩张惹怒了印第安人，才导致今天灾祸的发生。

在这场边境居民与议会的争斗中，富兰克林处于一种十分尴尬的境地。他虽然不是教友派的教徒，不过一直与这些教友派议员关系融洽；但同时，他对边境居民的处境也深感忧虑。

经过一番认真的思考，富兰克林认为，当务之急是马上制定一部关于建立地方武装的民兵法，旨在通过合法的征税和征兵，让有产者出钱，让青壮年服兵役，一起保卫宾夕法尼亚疆域的安全。

虽然该法案的提议遭到了许多批评甚至是咒骂，但面对愈加严峻的边境危机，富兰克林草拟的新《民兵法》还是获得了通过。

该法案规定：经总督和总司令的同意，宾夕法尼亚的自由民众可以合法地将自己组成连队并选举军官，再由连队军官推荐团队的军官，全体军官可以制定有约束力的军事法规等等。

这部法令的意义在于：它使宾夕法尼亚州在不违背英王旨意和不超越殖民地权限的前提下，拥有了一支合法的地方武装力量，而且不必接受宗主国的统一指挥调遣，甚至不必依赖宗主国的资助，而是依靠本地的实际需要来决定征兵的数额、征兵的期限以及合理地调配兵力等。

（四）

这时，边境的风声更加吃紧了。有消息传来称，一伙印第安人袭击了位于费城西北部120的千米的纳登赫特，杀害了不少未来得及逃入森林的居民，并焚毁了那里的房屋。可见，加强边防已是刻不容缓。

为了招募足够的青壮年入伍，富兰克林在《宾夕法尼亚报》上发表了一篇名为《关于宾夕法尼亚目前局势的三人对话》的文章，文中尽可能地提出了一切反对建立民兵自卫队的观点，然后逐一地加以反驳。

征兵工作在城镇中进行得很顺利，但在遥远的边陲却遇到不少困难，而那里恰恰又是最需要派兵驻守的关键地区。于是，当局决定派出得力的官员到敌人骚乱最严重的西北边境地区，在那里招兵买马，整顿防务，维护当地的安全和社会秩序。有勇有谋的富兰克林承担了这一重任。

1755年12月18日，富兰克林率领50名骑兵和3辆宽轮大篷车，出发前往摩拉维亚教徒聚居地的中心城市伯利恒。与他同行的，还有他的儿子威廉，前州长、现任参事会参事的詹姆斯·汉密尔顿以及议会计财委员会主席、教友会教徒约瑟夫·福克斯。

来到西北边陲后，富兰克林对这里的形势进行了周密的考察，结果令他十分震惊。如果不尽快设防的话，法国人和印第安人随时都可以从这里长驱直入，对宾夕法尼亚的内地和中心城市构成威胁。因此，富兰克林认为，必须马上在北起伊斯顿，经由北安普顿、伯利恒，南至雷丁一线进行层层设防，构建起一条牢固的军事防线，以遏制敌人可能发起的大规模进攻。

在到达伯利恒后，富兰克林一行发现那里的防务井然有序，十分令人满意，因此第二天便匆忙动身赶往伊斯顿。

同伯利恒相比，伊斯顿简直是一片混乱：食物储备已经耗尽，民众已准备放弃这里逃往费城。当看到富兰克林一行人到来后，当地人仿佛见到了大救星一般，纷纷要求尽快组织队伍，保卫家园的热情空前高涨。

经过一番整顿，一支由大约200名精壮男子组成的民兵连队成立起来了。富兰克林等人又组织他们挖壕筑堡，修建防御工事。10天后，伊斯顿的面貌发生了巨变，高垒深壕、层层工事构建成一道道坚固的防线，足以令敌人胆战心惊。

离开伊斯顿后，富兰克林一行又马不停蹄地前往里丁，到那里时已是1756年元旦的下午。宾夕法尼亚总督莫里斯正在那里等待他们共商同保持友好立场的印第安人签订条约以及防务措施等问题，然后同返费城。

然而，1月3日这天，一名通讯员前来告知说，设防不久的纳登赫特在元旦那天遭到印第安人袭击，守军中未战死者均被驱除。边防线上最薄弱也是最重要的一点再次暴露在敌人的攻击面前。

正在会谈的总督决定马上派遣一名巡视官返回纳登赫特，重新对那里的堡垒进行修筑。富兰克林被选中去执行这一危险而又艰巨的任务。

出发后，富兰克林在伯利恒逗留了一个星期，一边安抚民心，一边征召民兵一同前往纳登赫特。15日，富兰克林率领征召到的士兵向纳登赫特行进。

在行进途中，队伍的两翼都派出侦察兵在山林中慢慢搜索前进，以防敌人的袭击。在这艰苦的行军途中，富兰克林度过了他的50岁生日。

1月18日，富兰克林率领的民兵抵达纳登赫特。5天后，堡垒再次被修筑完成。整个堡垒长达8米，宽17米。要防御没有火炮的印第安人，这样简陋却坚实的堡垒已经足够了。

一周后，他们升旗鸣枪，用州首席法官的名字将这个堡垒命名为"艾伦堡"。

后来，富兰克林又带领大家筑起了两座木堡：艾伦堡以东24千米处的诺利斯堡和以东同样距离处的富兰克林堡。在此期间，富兰克林还在诺桑普敦县组织了13个联队共计500人左右的国民自卫队，分布在从纳登赫特到伊斯顿之间的防线上，并解决了这支军队的装备、供给和相互联络等相关问题。

2月1日，议会开会的通知送到富兰克林手中，开会的日期是2月3日。因此，富兰克林与儿子又马上出发，在2月5日夜里赶回了费城。

富兰克林干练的办事作风、卓越的领导才华以及公正无私的献身精神给将士们留下了深刻的印象，因此，将士们都一致推举富兰克林为民兵部队的上校指挥官，但富兰克林却谦虚地将这一职务委托给来自新英格兰的军人克拉彭先生。

但边境民众始终忘不了富兰克林为保卫当地安全所作出的贡献，请功信像雪片一般飞往费城。不知是由于军情紧急的需要，还是被民众的热情所打动，1756年2月24日，总督莫里斯正式任命富兰克林为上校军官。

第十四章　赴英国请愿

良好的态度对于事业与社会的关系，正如机油对于机器一样重要。

——富兰克林

（一）

当富兰克林返回费城时，宾夕法尼亚议会和总督、业主之间的斗争正在激烈进行。不久，总督莫里斯便离职了。1756年8月，继任总督丹尼上尉从英格兰为富兰克林带回了皇家学会于1753年授予他的戈弗雷·科普利金质奖章。

同时，丹尼还用非常华丽的语言对富兰克林的业绩大加称颂，并希望双方可以建立起相互信任、真诚合作的关系。但富兰克林很清楚，宾州的总督都是业主们挑选任命的，他们只秉承业主的旨意办事才能得以继任，因此，他们是不可能与殖民地议会建立起真正友好的合作关系的。

在后来的施政过程中，丹尼总督与州议会的争执一如既往。尤其是西部边境的屠杀和蹂躏又开始了，并呈现出不断恶化的趋势，而现任英国远征军司令劳登勋爵年事已高，且是一位缺乏领导和指挥才能的将军，作战计划杂乱无章，致使边境危机日甚一日。

　　在防务问题上，宾夕法尼亚议会内部基本已经达成共识，但在征税和拨款的具体数额问题上，议会与总督又开始了新一轮的斗争，双方都各不相让。1756年底，丹尼总督要求为下一年度拨款12.5万镑，而议会只同意拨款10万镑，并通过了相应的决议。

　　1757年初，总督断然否决了这一决议，并决议将该方案副本转交英王，以求裁决。而劳登勋爵则威胁称将不再派兵驻守殖民地的边境，试图以此强迫议会作出让步。

　　然而议会根本不为所动，并决定派富兰克林与威廉父子前往伦敦，以提交自己一方的理由。

　　4月4日，富兰克林作为州议会的使者，与儿子威廉一道离开费城前往纽约搭船，直奔伦敦向英王请愿去了。

　　1757年7月26日，富兰克林一行经过一个多月的海上颠簸，终于抵达英国伦敦。

　　几天后，富兰克林在几位朋友的帮助下，在斯特兰德区克雷文街3号安顿下来，开始为向英国当局申诉进行准备。他们计划在一年内结束这场没有硝烟的战斗，打赢这场关系到殖民地人民权益和尊严的笔墨官司，尽早返回北美那片充满生机的热土和费城温暖的家。

　　在等待枢密使约见期间，富兰克林拜访了约瑟·福瑟吉尔博士。他是英国最早描述冠状动脉硬化及白喉症状的医生，也是一位社会活动家，与富兰克林私交甚笃。

　　当福瑟吉尔博士得知宾夕法尼亚议会状告总督的消息后很是惊讶，他再三劝诫富兰克林冤家宜解不宜结，不如先与业主私下接触一下，并准备替富兰克林安排同业主托马斯·比利会面。

　　富兰克林觉得福瑟吉尔博士的话有道理，于是决定双管齐下，与业主和官方同时进行交涉，以便尽早解决这一纷争。

　　8月中旬，富兰克林与以托马斯·比利为首的业主举行了会谈。富兰克林陈述了议会的申诉要点，但业主们要求他用书面——列出后交给他们。

然而在8月20日，当富兰克林将一份书面申诉要点交给业主时，他们又要求他与他们的律师谈。这次富兰克林拒绝了，他声言：除了业主本人，他不会与任何其他人谈判这件事。

富兰克林很清楚，业主们之所以这样一再拖延拒绝，说明这份文件击中了他们的要害，对其特权和财产构成了威胁。但双方意见相左，争执不下，最后托马斯·比利将文件转交给检察长，表示要征求他的意见。结果文件在检察长那里一压就是一年，富兰克林再三催促也得不到答复。

直到1758年11月，业主们才准备了一份答复寄给宾州议会，指责富兰克林未按正常礼节处理此事，理由是富兰克林在交给他们的申诉要点上没有写上"宾夕法尼亚州真正的绝对的业主"的称呼。然而，就在这一年多的时间中，宾州议会已说服丹尼总督通过了一个议案，规定业主的财产也要像人民的财产一样纳税。这样一来，议会已没有必要再回答业主的责问了。而业主们所要做的，就是当这个议案送到英国来时，设法阻止国王加以批准。

就在焦急等待的过程中，富兰克林突然病倒了，而且一病就是两个月。

（二）

在业主们和有关当局对宾州的申诉拖拉延搁的日子里，富兰克林并没有消极地观望等待。这次到伦敦来，他随身携带或是就地设计制作了最强有力的电学器械。1757年12月21日，他写信给皇家学会会长约翰·普林格尔，告诉他关于自己在宾夕法尼亚时的一例电疗瘫痪病人的效果记述。另外，他还设计了一种既经济又奇特的时钟，后来经友人詹姆斯·弗格森先生改进而投入使用。他还为哈佛大学购买了电气设备，认真地进行装配，并为之配备了一份详细的说明书。

1758年5月，富兰克林与儿子来到剑桥大学，与化学教授约翰·哈德里一道进行了蒸发实验，并由此想到许多用水的蒸发来降温或测风向的事例。

富兰克林出色的科学研究精神和高尚的人品令他在英国民间引起了广泛的关注，人家都十分尊敬这位为人类科学事业勤恳工作的科学家和社会活动家。1759年2月12日，圣安德斯大学授予富兰克林法学博士学位。这也是富兰克林有生以来获得的第一个博士头衔，因此他感到异常兴奋和宽慰。

1759年，富兰克林与业主之间的斗争因宾夕法尼亚政坛发生的事件而出现了戏剧性的转变。这年4月，为了支持七年战争，宾夕法尼亚议会说服总督丹尼批准了一项对业主土地征税10万英镑的法案。

该法案一出台，立刻引起业主们的强烈不满，因为这意味着对业主的财产也要像对平民一样征税了。事发后，丹尼总督担心会遭到业主指控，因此主动离职加入英国陆军。围绕这个问题，富兰克林与业主们的斗争又开始了。

1760年6月，英国内阁举行听证会，就这一法案请双方各陈理由，以供当局裁决。富兰克林与业主及律师们展开了激烈的唇枪舌剑。经过听证会的调解，双方最终达成协议，规定：对业主未经测量的土地不予征税，对测量过的土地征收的税额不得高于其他同类土地的税额。

几天后，该法案获得英国国王批准。这场历经3年之久的斗争终于以殖民地议会的胜利而宣告结束。这项征税法案的重大意义不在于向业主征收多少税款，而在于议会终于获得了长期以来所努力争取的权益——对全地区所有的财产征税，业主封建性的免税权被剥夺。

9月中旬，富兰克林与儿子一起心安理得地离开伦敦，前往考文垂。在那里，他又计划去柴郡、威尔士、布利斯特尔和巴斯，后来又游览了利物浦、格拉斯哥和伯明翰。到11月中旬，他们又回到伦敦，因为此时的富兰克林已成为宾夕法尼亚的官方代理人，需要在伦敦处理一些事务，暂时回不了费城。

直到1762年1月，富兰克林才决定返回费城，但由于此时英法正在交战，他需要等待军舰护航。在等待期间，牛津大学又授予富兰克林民法博士学位。4月底，富兰克林去了牛津大学。30日，在举行的典礼上，宾夕法尼亚在英王陛下朝中的代理人、北美邮政总代理、皇家学会会员、声名卓著的富兰克林被授予这一学位。同日，威廉·富兰克林被授予文学硕士学位。

1762年8月24日，富兰克林踏上了回归北美的航船。两个月后，富兰克林回到北美费城的家中。

（三）

回到费城富兰克林才发现，他已在一年一度的州议会选举中被选入议会，正如在他出使英国5年中每年所做的那样。人们都纷纷埋怨富兰克林不该悄悄地返回城里，不然他们应该派500骑把他迎入城来。

1763年，英法七年战争终于结束了，北美的英法对抗也停止了。然而，它并没有给北美印第安人和殖民者之间带来和平。印第安人越来越清楚地看到了殖民者的所为，预计在军队退去后，接踵而至的必然是越来越多的移民。他们会夺去他们的土地，剥夺他们在故土打猎的权利。因此，印第安人，包括一向同英国殖民者友好相处的那些印第安人，也都变得骚动不安起来。他们或单独行动，或团结在渥太华部落酋长庞蒂亚克的周围，在漫长而广袤的边境地带向英国人发动猛烈的进攻，不仅攻击英国的军事要塞，还血洗了没有设防的居民点，在边境地区造成巨大的恐慌和混乱。对此，英国人气愤地称这场骚乱为"庞蒂亚克阴谋"。殊不知，正是他们自己背信弃义、以怨报德的举动才导致事态的恶化。

其后，俄亥俄附近的堡垒也纷纷陷落，一股股印第安作战人员蹂躏了东至坎伯兰县的宾夕法尼亚全境。一些边境的英国殖民者为保护自己的身家性命，也纷纷武装起来，用比野蛮人更加野蛮的手段对无辜的印第安人进行惨绝人寰的种族大清洗。

在兰卡斯特县，一些帕克斯顿和多内戈尔城的苏格兰—爱尔兰籍移民组织起来，自称"帕克斯顿之子"，却将怒火发泄到居住在宾州境内一些安分守己的印第安人身上，并残忍地杀害了兰卡斯特附近康内斯多哥族印第安人和平村庄的全部村民。

血案发生后，新任总督约翰·佩恩两次发布公告悬赏捉拿这伙罪犯，但也只是象征性地告示一下，结果不了了之。

无辜者的鲜血使一些良知尚未泯灭的人们受到极大的震动，也深深震撼了富兰克林那颗善良的心。理智告诉他，无论事情是如何引发的，屠杀事件的本质就是暴乱，必须给予强烈的谴责和坚决制止。

为此，在1764年1月，富兰克林用热烈的感情和动人的笔调写下了《近来兰卡斯特县屠杀印第安人的实录》一文。在文中，富兰克林写道：

> 有些人想为这种重大的罪行开脱，称"边疆的居民因为他们的亲属在最近的战争中被敌对的印第安人杀害而激怒了"，这很可能。但是，尽管这可以成为他们进入丛林中去搜寻那些杀人者，并向他们复仇，但绝没有理由使他们转身进入内地去谋杀他们的朋友。假如一名印第安人伤害了我，接下来我就可以向所有的印第安人报仇吗？……那些可怜的老翁、老妪做了什么？那些一岁的、吃

奶的孩子做了什么？竟然招致被枪杀斧砍！

这在欧洲是没有教化的民族之所为，难道我们是到美洲来学习并实践野蛮人的做法吗？即使作为野蛮人，他们也只对敌人才这样干，而不是对朋友。生活在这样一个时代，与这样的人为邻，他们真是不幸！……

这篇激烈而动人的文章发表后，立刻让千千万万善良的人们了解了事实的真相，也使一时糊涂的人恢复了理智，同时也令那些残暴的屠杀者名誉扫地。因此，富兰克林也触怒了某些有权势的人，其中自然也包括宾夕法尼亚总督约翰·佩恩。

这位心胸狭窄的总督、业主后代，竟然用一种极为残酷的方式回击富兰克林的文章：悬赏收购印第安人的头皮。

结果，这种野蛮卑劣的行径导致局势进一步恶化，血雨腥风笼罩了宾夕法尼亚全境。

2月初，一伙暴徒携带武器向费城气势汹汹而来，色厉内荏的总督吓得六神无主，急忙屈尊向富兰克林求助。为了确保费城的安全，头脑冷静的富兰克林出面组织了一个协会，动员几百名志愿者参加城市护卫工作。当暴徒兵临城下时，富兰克林又冒着生命危险亲自前去谈判，终于令他们不战而退。费城得救了。

（四）

七年英法战争没有给印第安人带来任何好处，同样也没有给英属北美殖民地送来什么福音。战争刚刚结束，英国政府就开始酝酿要对北美执行更加严厉的统治政策，在政治和经济上对北美进行高度的控制和压榨。

1764年3月，英王的忠实朋友乔治·格兰维尔宣布要对北美殖民地实施征税和管理殖民地贸易的新法规，包括当时提出的印花税议案。

虽然这些事情还在筹划之中，但还是引起了富兰克林高度的警觉和关注，并立即看到其中的危险性。因此，他立即坦诚地对英国的新殖民政策进行了严厉批评，并指出这种做法可能会导致的巨大危险。

但与此同时，富兰克林对英国及其君主仍然怀有一种难以摆脱的眷恋之情，这也使他看不清宗主国是在有意削弱殖民地的商业贸易和制造业，以促进本国工商业的发展。殖民地与宗主国之间在经济利益上存在着根本的矛盾和冲突。同时，他也没发觉自己的思想已经落后于北美殖民地广大人民的愿望和要求，脱离了殖民地人民中正在升温的革命情况。

基于这种理念，富兰克林和议会中的一些重要成员认为：宾州由英王直接管理将比由业主统治强得多。因此，应该将宾夕法尼亚由业主殖民地变为王家殖民地。于是，议会与业主、总督之间的斗争再次进入一个新的阶段。

围绕着业主殖民地的存废问题，宾夕法尼亚议会内部也展开了激烈的斗争，并分裂成为两大政治派别：保守派主张保留原有的旧体制；而改革派则认为业主统治是一种罪恶，应该对宾夕法尼亚的旧体制进行彻底的改革，变业主殖民地为王家殖民地。

斗争愈演愈烈，5月份，议会重新开会，主要议题是向英王请愿，要求英王直接统治宾夕法尼亚。在这次会议期间，年迈的伊萨克·诺利斯辞去了议长一职。5月26日，富兰克林被不记名投票选举通过继任这一职务。于是，富兰克林以议长的身份签署了他起草的一份致英王的请愿书，要求英王"将宾夕法尼亚置于他的直接管理和庇护之下"。

为了能顺利实现这一变革，议会于10月26日决定派遣富有威望和谈判经验丰富的富兰克林前往英国递交请愿书，并代表宾夕法尼亚处理与殖民地事务有关的其他问题。

11月7日，富兰克林与朋友和家人依依惜别。此时，妻子德布拉的心情很难平静，但几十年的聚散离别已经让她变得坚强而豁达。她相信，最多到明年上半年，丈夫就可以平安返回了。可此时谁也没有料到，富兰克林与德布拉夫妻间的此次离别竟然长达10年之久，并最终成为永诀。

1764年12月9日，富兰克林抵达伦敦，继续住在克雷文街的房子中。距离1月10日英国国会召开还有一段时间，富兰克林顾不上因长途劳顿染上的感冒刚刚痊愈，咳嗽还在阵阵发作，便集中精力考虑此行赴英完成使命的对策。他必须全力以赴地去履行自己的神圣使命——为殖民地人民的命运和利益奋力抗争。因此，此次英国之行富兰克林更多的是扮演一个反抗暴政和殖民压迫的自由斗士角色，虽然他从来都没有失去儒雅谦和的绅士风度。

（五）

富兰克林代表宾夕法尼亚议会前来英国请愿，在当时的形势下，他的请愿包含了两方面的内容：一是请求英王建立对宾夕法尼亚的直接统治，一是反对英王批准印花税法。前者是为宾夕法尼亚人民请命，后者则是为全体北美殖民地人民的共同利益而斗争。

为了达到以上目的，富兰克林需要与英国的当权者进行谈判，而且既不能让步，又不能惹恼他们。对于请愿的第一项内容，富兰克林发现枢密院的态度十分冷淡，甚至根本不愿意倾听请愿书的内容。经过多次努力，直到1765年11月，富兰克林才将请愿书呈递给那些大臣。

然而，枢密院在拿到请愿书后却推托说，国王是无权干预业主和他的人民之间的事的。事实上，此时因殖民地人民反对印花税的浪潮正在高涨，宾夕法尼亚议会请求英王直接治理在当时根本无法实现。而且，剥夺宾州业主的统治权的问题也一直到美国独立后才真正得到解决。

对于印花税的征收，富兰克林早就持反对态度。《印花税法》于1765年3月在英国议会中获得通过，经英王签署颁布，于同年11月生效。该税法规定：殖民地中所有的印刷品，包括商业执照、法律文书、契约、报刊、历书以及借款单据等，都必须缴纳税金后贴上"税资付讫"的印花，否则便予以重罚。

这是有史以来英国对北美殖民地进行的范围最为广泛的一次横征暴敛，不仅给北美人民带来了沉重的经济负担，还严重侵犯了他们的尊严和权益，因此引起了空前剧烈地反抗。

但是，目光短浅的英国统治者眼里只有钱，对殖民地人民的反抗和代理人的呼声置若罔闻。时任首相格伦威尔更是以不容商榷的口吻告诉富兰克林：

"鉴于战争期间各殖民地议会对承担战争费用持消极态度，《印花税法》必须由英国议会批准后实施。"

同时他还警告北美人民：不要指望通过"暴乱"从政府这里获得让步。

首相傲慢的态度激怒了富兰克林，同时也引起了英国议会中一些开明人士的不满。从内心来说，富兰克林是十分厌恶并坚决抵制《印花税法》的，但事情的进展也让他看到，要想阻止这一法案的实施已经不可能了。与其奢谈那些可望而不可即的事，倒不如切切实实地做几件能对该法案造成的恶果起消弭作用的实事。

为此，富兰克林在这一时期向英国当局提出了几项缓解危机的措施，并积极促使当局采纳，其中包括废除禁止在殖民地发行纸币的法令和由各殖民地指派当地居民担任征税官等。在富兰克林看来，维护殖民地人民权益的问题要比废除印花税更为重要。因为印花税的存废问题是暂时的，但北美人民理应享有的自由和权益却是永恒的。

《印花税法》在北美殖民地引起了一片反对之声，殖民地与政府的矛盾和争端愈演愈烈。为了缓解这一税法所造成的严重危机，在罗金厄姆首相的授意之下，下院于1766年2月举行了一次听证会，请各方代表就《印花税法》问题陈述各自的意见和观点。

在会上，最具权威性的北美人士富兰克林自然成为众人关注的焦点，各派人士都纷纷向他提出一个个尖锐敏感的问题。而富兰克林也将这次会议看成是一次表达北美人民意志的好机会，因此他侃侃而谈，既回答了代表们提出的问题，又借机阐述了北美人民对《印花税法》等问题的基本立场。

富兰克林称，这一税法不仅侵害了北美人民的经济权益和政治权利，同时也加深了殖民地与宗主国之间的矛盾，并且必将对英国的长远利益造成损害。他还重申了"无代表即不纳税"的原则，表明了北美人民斗争到底的坚强决心。

富兰克林对于废除《印花税法》的主张不仅得到了北美殖民地人民的热烈欢迎，在英国社会内部也引起了强烈的反响。局势的严峻性令罗金厄姆内阁认识到废除《印花税法》已经势在必行。

这次听证会结束一个星期后，部分议员提出了旨在废除《印花税法》的法案，很快就得到了国会两院的同意。3月8日，英国国王乔治三世签署这一法案，《印花税法》正式被废除。

消息出来后，北美殖民地人民欢欣雀跃，人们都为废除这一被富兰克林称为"灾难之母"的法令而兴奋不已。同时，反对《印花税法》斗争的胜利也使北美大多数人都深深地松了一口气。在这一运动中，富兰克林做了许多卓有成效的工作，既表达了北美人民的正义呼声，也联合了英国社会内部反印花税的政治势力，为这一运动的最后胜利作出了不可磨灭的贡献。

避雷针发明后，富兰克林邀请人们前来参观。其中的一位阔太太看完后，不解地问富兰克林说："可是，它到底有什么用呢？"富兰克林笑着回答："夫人，那么新生的婴儿又有什么用呢？"

第十五章　为殖民地力争权益

把别人对你的诋毁放在尘土中，而把别人对你的恩惠刻在大理石上。

——富兰克林

（一）

1766年2月，《印花税法》被废除后，富兰克林要求宾夕法尼亚议会准许他回到美洲去。但是，得到的答复却是州议会任命他为下一年该州驻英的代理人。

这时，英国当局对美洲殖民地的压迫变本加厉了。1766年7月，罗金厄姆内阁因《印花税法》的废除而倒台，英王授权威廉·皮特组成联合内阁。皮特向来以精明果断而闻名政坛，但此时他已进入暮年，上台不久就因痛风卸任了。这样，政府的领导权便落入财政大臣查尔斯·唐森手中。

唐森曾是《印花税法》的有力支持者，而且一向对北美不抱友善态度。上台后，他更是想方设法加强对北美殖民地的控制和压榨。

从1767年5月起，英国政府便连续颁布了好几项由唐森提出的条例，诸如《中止纽约议会条例》宣布临时解散纽约州议会，因为纽约议会曾反抗1765年英国颁布的惩治叛变条例——该条例规定殖民地须缴纳特别税，供养殖民地境内的英国驻军。

另外的两个条例也是为征税而制定的，如征收从英国输到殖民地的货物——纸张、玻璃、铅、颜料、茶的入口税，用来支付殖民地司法和行政的经费，并规定英国关税税吏有权闯入殖民地任何民房、货栈、店铺搜查违禁品及走私货物等。

英国政府的这些做法再次引起北美殖民地人民的强烈不满，英国与北美殖民地的关系也日趋紧张。

9月，英国内阁再次出现变动：唐森死去，由诺斯勋爵继任。新内阁不仅表示《唐森条例》继续有效，而且还向北美殖民地尤其是波士顿派出收税官员，去那里制止走私、收取关税。至此，关税已成为强加在殖民地人民头上的一种赋税。

在这样严峻的形势下，富兰克林再次担负起维护北美洲殖民地权益的职责，对英国政府这种不明智的统治方式表示强烈不满。

与此同时，北美殖民地人民则以更加激烈的方式展开了反对《唐森条例》的斗争。1768年，马萨诸塞议会联合弗吉尼亚议会共同向殖民地各地发出了一个《通告令》，呼吁各殖民地联合起来，共同进行抗议活动，坚持"无代表即不纳税"的原则。

很快，各殖民地掀起了一场声势浩大的不进口英国货的浪潮，商人们也积极进行违反《唐森条例》的贸易。妇女们也在统一的组织下，纷纷公开纺纱织布，鼓励人们穿自制的布衣，抵制进口英国的布匹衣料等。

弗吉尼亚议会的代表在乔治·华盛顿和托马斯·杰斐逊等人的领导下，组织了一个抵制英货的协会，并宣称：

"任何人如果通过演说或著文，维护或坚持除本殖民地协会以外任何人或团体有权利或权力向本地居民强派或征税者，都将被视为英王陛下殖民地的敌人。"

为了抵御英国的武力镇压，一些地区的议会还以防范印第安人为名，号召居民们拿起武器，严阵以待。

殖民地抵制英货运动的结果，令英国对北美的贸易受到了沉重的打击。不久，英国政府又被迫废除了《唐森条例》。

（二）

在殖民地人民的强烈抵制之下，《唐森条例》虽然被废除了，但英国当局与北美殖民地的矛盾不仅没有消除，反而日益加剧，最终酿成了一场震惊世界的惨案——"波士顿惨案"。

1770年3月5日，驻波士顿的英军与当地群众发生冲突，英军指挥官普利斯顿上尉竟然下令向手无寸铁的群众开枪，当场打死4人，打伤多人，造成了流血事件。

这一事件的发生瞬间便震动了整个北美洲，群众反抗斗争的浪潮再次高涨，大有革命瞬时爆发之势。这时的富兰克林继1768年被佐治亚、1769年被新泽西委任为代理之后，又于1769年12月被委任为马萨诸塞的代理人。作为殖民地几个州的代理人，富兰克林坚决地站在殖民地一边，为北美洲殖民地的利益奋斗。

同时，富兰克林也隐隐约约地感到：在他所生活的这个时代，即将会看到大英帝国的一场悲剧——北美殖民地与母国的分裂。在这场反对《唐森条例》的斗争中，富兰克林逐渐对自己过去的帝国观念产生了厌倦，认为它不过是一场虚幻的海市蜃楼而已。

富兰克林不仅预测到了美英之间矛盾冲突的发展，而且也预言到了结果：胜利终将属于殖民地人民。但他始终认为美英决裂会是一场灾难，他说：

"我不敢妄称有预言家的天分，历史表明，由于这样事态的发展，伟大的帝国曾经化为灰烬。最近的我们有如此之多的理由去抱怨的政府措施表明，我们正处于同样的进程中，如果双方不表现出更多的明智和谨慎，我们可能会得到同样的下场。"

与富兰克林在英国乃至欧洲的学术圈子里广交朋友、声名渐增相比，英国国王和内阁对富兰克林却怀着另外一种感情。

他们觉得，这个美洲殖民地的代理人不断向他们为殖民地人民争取权益，英国政府的任何政策凡涉及北美殖民地利益者，都会令他警觉并积极采取行动，或向各方面要人游说，或撰稿在报刊动员公众舆论，措辞虽然不失分寸，但却毫不让步。所以，英国当权者决心将富兰克林从英国政坛和英美事务中驱除出去。

就在这时，哈金森事件突然发生了，它将富兰克林深深地卷入到矛盾斗争的漩涡当中，并促使这位温文尔雅的北美绅士与英国政府彻底决裂。

1772年冬，富兰克林得到时任马萨诸塞总督托马斯·哈金森及首席检察官安德鲁·奥利弗在1767—1769年间写给当时的英国政府要员、银行家威廉·惠特利先生的信件。在写信时，哈金森是该殖民地副总督，奥利弗为总督秘书，都是北美"一些最有身份的人"。

由于二人在印花税风潮中受到北美人民运动的冲击，住宅也遭到某些激进分子的围困或毁坏，因此他们对北美人民及其反英运动怀有刻骨的仇恨，希望英政府能对殖民地人民进行严厉的惩罚和镇压。在往来的信件中，他们便流露出这种极端仇视的心理，公然要求英政府对北美殖民地严加管束，甚至要求政府派军队进行镇压，用武力恢复殖民地的秩序。

同时，他们还要求剥夺殖民地议会的官吏任免权，由英国王室任命总督、法官等官吏。哈金森甚至在一封信中写道：

"必须果断地从英语中删除'自由'一词。"

这些信后来转到了富兰克林手中。至于是谁传给富兰克林的，富兰克林为了信守诺言，始终没有披露。

在拿到这些信后，富兰克林认为有必要让马萨诸塞的领导人知道信中的内容，以便让殖民地人民清楚他们斗争的目标应该是谁，让反抗斗争逐步升级的北美殖民地革命运动的领导人和群众认识到是英王和英国内阁误信了这些人的报告和建议，才对殖民地使用镇压手段。富兰克林的目的其实是想让双方消除"误会"，以保持英帝国的联合与统一。因此在1772年12月，富兰克林将这些信件的原件寄回了波士顿。

可以说，这时的富兰克林虽然对英国政府对待殖民地的态度颇感失望，但他还是对英国怀有感情和幻想的，希望能尽量缓和矛盾，避免因矛盾激化而导致英国和北美殖民地彻底决裂。他认为，这样的结果对双方都是极为不利的，北美人民会受到更加严酷的压制，而英国则可能为此彻底失去它的殖民地。

（三）

尽管富兰克林在大多数情况下都是态度温和的，但现在他已经越来越深刻地意识到：大英帝国统治的危机已经积重难返，英美两地的矛盾必将因英国内阁的顽固立场而愈演愈烈。他甚至开始意识到：在英美这一问题上，英国国王负有不可推卸的责任，虽然他认为国王是受到了某些人的蒙蔽。

不过，富兰克林并没有在公开场合表达这一想法，只是在1773年7月中旬给儿子的信中谈及这一问题。他写道：

"不要外传，我坦率地告诉你，近来我认为对我们实行的政策在很大程度上都出自于国王，他在许多事情中扮演了他的朋友所认为的强硬角色。国王接受了一些错误的印象。"

正因为如此，富兰克林强烈地感到，英美的分裂已经不可避免，如果英国政府不马上悬崖勒马的话。

在这种思想的支配之下，1773年9月，富兰克林连续发表了两篇文章——《缩小帝国要诀》和《普鲁士国王敕令》，向英国当局发出了最为严重的警告。

《缩小帝国要诀》以幽默辛辣的笔触对英国在北美犯下的罪行进行了淋漓尽致的揭露和抨击，一针见血地指出英国可能会因此而失去北美这块殖民地。他指出：

"一个庞大的帝国就如同一块大饼，其边缘部分最容易消失。为了能在姜饼烤好后毫不费力地将它们弄碎，聪明的烤饼师傅会在烤制前就已经将饼在某些地方半切开了。"

这是富兰克林到那时为止公开发表的最为大胆的言论，其锋芒直指那些平日里对北美殖民地及其代理人颐指气使的朝廷重臣。

而同时发表的《普鲁士国王敕令》一文，富兰克林将影射的矛头直指英国国王。文中的普鲁士王弗雷德里克大帝向普鲁士的殖民地不列颠发出敕令，指责不列颠不向普鲁士输捐纳税。尽管普鲁士"在上一场战争中为保护这块殖民地和法国军队打过仗"，但他肯定不列颠不应该反对普鲁士的"公正而理智的管理"，因为这是模仿不列颠自己的作法而实行的，也是"从不列颠用于对待它自己的爱尔兰和美洲殖民地的好政府的国会法律，不列颠王公们的指示以及两院的决议"中引用来的。

这种辛辣的讽刺和振聋发聩的呐喊，表达了多年压抑在北美人民心中的愤怒情绪。富兰克林认为，在通过多次呼吁、请愿和谈判毫无效果的情况下，通过这种比较特殊的刺激，也许能够让英国政府意识到北美人民的痛苦和呼声，从而促使他们取消各种错误的政策，恢复英国与北美之间的和谐关系。

但是，这也只是富兰克林的一种善良的愿望而已，历史的发展是不会以任何人的意志为转移的。就在这两篇文章发表不久，"波士顿倾茶案"又发生了。

在1773年下半年，英国和北美殖民地之间的关系日渐恶化，茶叶成为这一时期双方矛盾斗争的焦点。在《唐森条例》被废除后，茶税仍然保留着，殖民地商人只能用走私的办法运进茶叶。

1773年，英国政府通过法令，允许英属东印度公司在北美殖民地廉价销售积压的茶叶，并只对东印度公司征收轻微的茶税。这样一来，东印度公司输入北美的茶叶价格就比走私的茶叶价格便宜50%。为了实施这一条例，英国政府还禁止北美殖民地人民购买走私的茶叶。而东印度公司在运进茶叶的同时，还会捎带运进其他货物，这就必将干扰殖民地的市场。

这种做法令殖民地的走私商人感到恐慌，于是这些商人便以爱国为由发动群众，抵制东印度公司运来的茶叶：在费城和纽约，被动员起来的群众拒绝卸货；在查尔斯顿，茶叶虽然运上了岸，但不准发售；在波士顿，在"走私王"汉考克和塞缪尔·亚当斯的支持下，一批激进的革命党组织了波士顿茶党，并于1773年12月16日夜晚化装成印第安人，登上东印度公司的三艘茶船，将价值1.8万英镑的300多箱茶叶全部倾入海中。与此同时，在纽约、新泽西等地也相继发生了倾茶事件。

倾茶事件大大鼓舞了北美人民的斗争士气，各地反英运动迅猛高涨，形成了一股巨大的革命洪流，英国的权威已经被愤怒的北美人民抛于脑后。

在这种情势之下，英国统治集团也非常愤怒，决心要将北美人民的反英斗争镇压下去，以维护并进一步加强英国的殖民统治。乔治三世甚至咬牙切齿地宣称：

"局势已经无法转变，殖民地或者投降，或者胜利。"

就这样，一方面是英国的暴政，一方面是反抗英国暴政的美利坚民族，一场疾风骤雨式的革命已经不可避免。

　　据说，在签署《独立宣言》的那一天，约翰·汉科克作为会议主席率先签了名后，说："我们得一致，我们一定不要用不同的方式签名，我们一定要意见一致。""对，"富兰克林说，"我们的确要意见一致，不然，最肯定的是我们将被一个个地吊死。"在英文中，"意见一致"这个词同时又有"吊死、绞死"的含义。富兰克林利用单词多义开了个小玩笑，但却寓意深刻。因为从当时的情况来看，如果大家的意见不一致，革命就不能成功，革命领导人的命运也只会是凶多吉少。

第十六章　最后的忍辱负重

　　争吵是一种人玩的游戏。然而它是一种奇怪的游戏，没有任何一方曾经赢过。

——富兰克林

（一）

　　当"波士顿倾茶事件"的消息传到伦敦后，富兰克林不以为然。他认为，倾茶事件属于"暴力的非正义行动"，波士顿人对此应主动、迅速地作出赔偿。而就在这时，他自己的一场更大的麻烦已经近在咫尺。

　　1773年12月初，"哈金森信件"之事在伦敦形成丑闻。当时，收信人托马斯·惠特利已经故去，而托马斯·惠特利的兄弟兼其遗嘱执行人威廉·惠特利早在这年9月就遭到人们的指责，称是他让这些信件公之于众的。

　　原来，当马萨诸塞州的议会领导人收到富兰克林转给他们的信件后，十分气愤，遂向英国政府要求解除哈金森的总督和奥利弗首席检察官的职务。于是，哈金森信件的情况逐渐为世人所知，而受到舆论谴责的威廉·惠特利则矢口否认自己与此事有关。

　　这一突发事件令本已焦头烂额的英国统治者寝食难安，并将富兰克

125

林也卷入到这一场前所未有的争吵当中。

威廉·惠特利对自己遭受的谴责恼羞成怒，他回忆起海关官员约翰·坦布尔曾于1772年10月向他要求看看当年写给托马斯·惠特利的信件，并得到许可。于是，威廉·惠特利便指责是坦布尔拿走并传阅了这些信件。但坦布尔对此断然否认，两人为此还发生了一场激烈的决斗，惠特利在决斗中受伤。

事件发生后，两人都未曾提到富兰克林的名字，富兰克林本可以保持沉默。但恻隐之心让他没有这样做，他担心两人之间的流血决斗愈演愈烈。因此，在圣诞节这天，富兰克林发表了一个公开声明，称是自己将这些信件传阅出去的，但他始终没有说到底是谁给了他这些信件。为此，富兰克林成为所有矛盾的焦点。

就在富兰克林深受攻击时，1774年1月20日，报纸上又刊登出"波士顿倾茶事件"发生的报道。这一消息如同火上浇油，令英国当局对富兰克林更加痛恨，他们将满腔的怒火都发泄在这个北美殖民地总代言的头上，决定让他身败名裂，永世不得翻身。

1月29日，富兰克林被通知出席枢密院殖民地事务委员会召开的听证会。此时，威廉·惠特利已正式对富兰克林提出起诉，控告他用卑劣的手段获取其兄长的信件，并非法传播，从中牟利。

在听证会上，富兰克林遭受了近一个小时暴风骤雨般的攻讦诟骂。68岁高龄的富兰克林戴着他那老式的假发，穿着曼彻斯特出产的带花纹的天鹅绒礼服，站在壁炉旁边一动不动，就连脸上的表情都纹丝不动，目光里带着某种圣洁光彩的灰色眼睛看着面前这些满怀敌意的表情。他很清楚，在这种情势下，任何抗辩都是毫无意义的，他只能保持沉默。

即使是那样的情势之下，富兰克林最担忧的仍是英美关系的前途。

2月15日，他给朋友的信中写道：

"人们以为，在那种场合下我一定十分愤怒……但真的，我为我个人而有的感受早已消融在我对公共事务的忧虑中。当我看到所有的请愿和怨怼对当局来说都如此可憎，而唯一传输它们的渠道也越来越受到破坏，我真的不知道和平和统一该如何在帝国的不同组成部分之间保持下去或得到恢复。"

就是这样怀着为自己而感到的愤怒和为美洲而感到的绝望，富兰克林以其特有的精明和明智，听完了听证会对他的长篇攻击，然后自己一个人默默地回到家中。

（二）

听证会后的第二天，富兰克林就接到一封信，通知他已被解除北美邮政总代理的职务。对于这个结果，富兰克林并不感到突然。自从投身社会公共事业以来，虽然他也时常考虑个人事业的得失，但他最关心的还是如何为人类创造财富，为北美人民谋求福利。为实现这一夙愿，他大半生都苦苦奋斗，历经坎坷也无怨无悔。因此，对于被解职一事他并不感到有什么遗憾。

只是让富兰克林感到愤怒和失望的是，枢密院于2月7日批准了委员会的报告。这就意味着，英国国王已经驳回了殖民地的请愿书。

面对英国统治者这种顽固愚昧的态度，富兰克林对英国政府寄予的良好希望更加渺茫了，因为他一贯认为：

"无论哪个国家，禁止流露不满情绪都是十分危险的，因此明智的政府总是宽容地接受请愿书，哪怕它们只有少许的道理。那些被认为受到统治者伤害的人，有时也会因为一个温和慎重的回答而认识到他们的错误。但是，如果抱怨被当成是一种罪过，希望也就变成了绝望。"

对英国内阁、国会和国王丧失了信心的富兰克林，开始迫切地想要返回家乡，回到那熟悉亲切的土地，在那温馨祥和的家庭氛围中度过晚年。他已经整整10年没有回家了，每次想到这些，一种去国怀乡的悲凉情怀就会涌上心头。

但是，富兰克林还是未能离开伦敦，因为此时，大洋两岸的形势正在急转直下。作为北美殖民地事实上的总代理人，富兰克林不能在这个关键时刻为了个人的恩怨离开他的战斗岗位，而是必须忠于职守，完成肩负的神圣使命。

1774年，英国统治当局在毫不让步的前提下，针对殖民地人民的反抗怒潮颁布了5项高压政策法令，以报复殖民地人民的倾茶行动，加强镇压。

这5项法令分别为：封闭波士顿海港，在波士顿人民偿付被毁茶叶的价款前，断绝波士顿的对外通商；取消马萨诸塞地方宪法，改组其政治机构，州参议院议员、一切官吏的任免均由英王或总督任命；扩大1765年驻营条例规定的英国驻军的居住权限，规定英军可在殖民地的一切旅馆、酒店及其他公共建筑中自由驻扎；规定英国官吏如犯罪，须送到英国或英属加拿大东部的诺法斯科西亚审判；将俄亥俄河以北、宾夕法尼亚以西原为殖民地边疆的广大地区划归英王直辖殖民地魁北克。

这5项法令明显剥夺了北美人民的政治和司法权力，并造成了波士顿等地严重的经济萧条，殖民地人民的不满和愤怒达到了最高点。各殖民地人民开始纷纷支援在英军围困下濒于绝境的波士顿人民。6月，塞缪尔·亚当斯起草公约，号召美洲人民抵制英货，各地纷纷响应。

在这种严峻的形势下，1774年9月5日，各殖民地议会派出代表在费城召开了第一届大陆会议，共商反英斗争的大计。在这次会议上，北美殖民地独立的主张第一次被提出来。

自听证会后，富兰克林就很少与英国内阁打交道了，但他的心始终与自己的故土——北美洲紧密地联系在一起。此时，他的思想立场还没有转变到脱离母国独立这点上来，但他也不再对英国当局者抱任何希望。这让富兰克林这一时期的思想十分矛盾：一方面，他希望通过北美人民的英勇斗争促使英国内阁发生更迭，让开明的政治集团上台执政，修改其错误的殖民地政策；另一方面，他又担心反英斗争的高涨会引发一场大规模的战争。

为此，富兰克林希望能够通过自己的努力，既能维护北美人民的基本政治经济权利，又不至于出现大的流血冲突。所以在英最后期间的政治活动，富兰克林几乎都是围绕这一目的进行的。

不过，即使在最为忙碌的时期，富兰克林也没有停止他毕生最热爱的事情——科学研究和写作。

（三）

英国与北美殖民地的矛盾日渐加深后，英国统治阶级中一些不同意采取走极端的统治方式的人士对内阁目前的殖民地政策也深感忧虑，他们试图寻找某种渠道与殖民地人民进行沟通，以妥协让步的办法解决危机，避免战争的爆发。而率先走出这一步的，就是病休3年后复出的威廉·皮特——卡萨姆勋爵。

1774年8月，富兰克林应邀拜访了卡萨姆勋爵，讨论了有关美洲危机的问题。在讨论中，富兰克林指出：英国当局目前的殖民地政策并非从整个大英帝国的利益出发，而是为了维护某一部分人的利益。英国的有识之士应积极发挥作用，修正错误的政策，以恢复英美之间的团结。卡萨姆勋爵对此表示赞同，并表示对殖民地的一些限制性措施应加以修改。

除了与卡萨姆勋爵保持密切联系之外，富兰克林还与一些同卡萨姆怀有相似意愿的英国官方人士进行了接触。11月份，银行家戴维·巴克利博士拜访了富兰克林，试探性地询问富兰克林是否可以提出殖民地与英国和解的初步方案。当晚，富兰克林又与达特莫斯的私人医生福瑟吉尔和巴克利举行了会谈，答应会尽快草拟一份计划。

几天后，富兰克林提出了"十七点"的对话要求。

在商业问题上，富兰克林指出，美洲殖民地可以宣誓在英国同外国交战时帮助英国，也可以接受英国的商业垄断，但要废除一切限制殖民地制造业的条例。

关于殖民地的权利，富兰克林提出：英国必须将殖民地的立法权还给殖民地人民，并且不在和平时期征税。他强调，坚决反对英国国会改变美洲殖民地的法律和宪章；并且表示，为捍卫自己的法律和宪章，殖民地人民"不惜付出生命及一切代价"。

富兰克林提出的要求与英国当局出现了分歧，但英方还是认为从中"看到了一线光明"。

12月18日，北美大陆会议的请愿书送到伦敦，富兰克林将其转交给达特莫斯，由他呈交给英王。次日，富兰克林又将请愿书副本呈送给卡萨姆勋爵，并与之进行了会谈。卡萨姆勋爵赞同这份请愿书，并表示会在上院为北美殖民地说话。

1775年1月21日，卡萨姆勋爵向上院提交了一份关于北美殖民地问题的议案，请求英王从殖民地撤走英国军队，并高度赞扬了大陆会议的行动，肯定了北美人民反抗压迫性法令的行为。但是，该法案遭到大多数代表的抵制，最终以18票对68票遭到否决。

此后，富兰克林又多次与巴克利、福瑟吉尔等人进行商谈，希望通过和平谈判的方式达成和解，化解日益严重的北美危机。但由于英王和内阁要员固执己见，缺乏诚意，富兰克林的努力并没有获得实质性的进展。

就在这时，富兰克林突然接到一个不幸的消息：妻子德布拉已于1774年12月19日因病去世。得到这个噩耗后，富兰克林非常悲痛。他感到自己再也不能等待下去了，必须尽快返回北美。

1775年3月下旬，富兰克林乘驿车前往朴次茅斯，在那里搭乘宾夕法尼亚游轮返回美洲。

伫立在甲板上，望着渐渐模糊的英伦三岛，富兰克林不禁怆然泪下。是为那再也见不到的长眠于九泉之下的妻子，是为他曾深爱却不得不与之彻底决裂的母国，还是为那些无法躲避战火煎熬的苦难的北美同胞？

这个问题的答案可能只有富兰克林自己清楚。

再见了，伦敦！

富兰克林有一个习惯，就是每天晚上都把一天的情形重新回想一遍。他发现，自己有13个很严重的错误，下面是其中的3项：浪费时间、为小事烦恼和容易与别人争论冲突。聪明的富兰克林发现，除非他能够减少这一类错误，否则不可能有什么成就。所以他每周都选出一项缺点来搏斗，然后把每一天的输赢做成记录。在下周，他再另外挑出一个坏习惯与之战斗。就这样，富兰克林每周改掉一个坏习惯的战斗持续了两年多。

第十七章　美利坚独立的拓荒者

你热爱生命吗？那么别浪费时间，因为时间是构成生命的材料。

——富兰克林

（一）

1775年5月5日，富兰克林抵达费城。此时，列克星敦已经爆发战争，伟大的美国独立战争已经拉开序幕。

背井离乡10年有余的富兰克林回到了费城的家。可惜的是，家中已经没有了妻子的身影。富兰克林与女儿萨拉、女婿理查德·贝奇等家人共叙久别之情——尤其是德布拉去世的前前后后——让他好一番痛惜。

此时，最让富兰克林感到痛心的还有儿子威廉的境况。出乎他的意料，当北美人民的反英运动风起云涌以及他在英国为维护北美人民基本权益而苦苦斗争时，他最喜欢的儿子威廉却站到了殖民压迫者的反动阵营当中，顽固地与殖民地人民对抗，最后甚至充当了纽约保皇党联盟主席的角色。

富兰克林曾苦口婆心地劝阻威廉，但威廉毫无悔改之意。就这样，父子俩曾经那种亲密无间的感情消失了，年届古稀的父亲成了坚强的革命领袖，而风华正茂的儿子却站在了人民的对立面。两人从此分道扬镳，越走越远，这恐怕是乐天知命的富兰克林一生当中最为遗憾的一件事。

幸好还有女儿萨拉陪在他身边，以及两个刚刚见面的小外孙——本杰明和威廉，他们给富兰克林带来了一些意外的惊喜和快乐。然而，日益紧张的局势迫使富兰克林不得不放弃温暖舒适的家庭生活，再一次投入到殖民地人民的革命斗争中去。

在回到费城的第二天，富兰克林就被选为出席大陆会议的代表。5月10日，第二届大陆会议在费城开幕，富兰克林作为正式代表出席了会议。

这时，战争已经开始，历史赋予这次会议的中心任务是承担起北美最高权力机构的责任，有效地领导和组织战争。但在会议进行过程中，一些人仍对宗主国英国抱着和解的希望，主张避免流血冲突；而另一部分人的独立意识已大大增长。这种思想上的差距随着会议的召开不断拉大，乃至整个会议期间都充满了尖锐的思想交锋。

在这次大会上，独立战争期间美国的精英人物几乎全部登场了，尤其以其中的几个面孔最为引人注目：一个是弗吉尼亚杰出的军事家和政治家乔治·华盛顿，当时正值壮年，精力充沛，刚毅果敢，威武不屈，具有拔山盖地的英雄本色；第二个是会议中最年轻的成员、以著《英属北美权利概观》一书而闻名于世的托马斯·杰斐逊，他那博大精深、带有浓厚人文主义色彩的民主思想体系，在当时的北美产生了极为广泛而深远的影响；第三个就是时年69岁的本杰明·富兰克林，也是此次会议中最年长的议员，他思想激进，德高望重，此时已成为坚决的反英斗士。

在时代的浪潮之下，这3位伟大的历史人物终于汇聚在一起，准备用他们那坚实有力的臂膀共同托起美利坚民族那轮冉冉升起的旭日。

（二）

1775年7月，大陆会议表决通过了由迪金森起草的一份向英王递交的措辞更加恭顺的请愿书，表示仍愿意效忠英王，企求英王能够纠正议会的错误政策，与北美实现和解。

比起在座的各位代表，富兰克林在英国的生活经历使他更加了解英王和他的内阁。他相信，递交请愿书只会是徒劳无益。

果然，8月23日，英国王室宣言宣布：美洲殖民地人民是叛逆者，并警告所有的人都不得帮助他们。富兰克林已经看到，殖民地必须武装起来。只要取得力量，就必将能够迫使英国内阁寻求和平解决的方案。

在那么多年寻求和平解决方法的过程中不仅未能成功，反而落得伤痕累累的富兰克林，此时比任何人都更加清楚，寻求和平的唯一方法就是用武力去争取。因此，他一旦决定走出革命的这一步，也必然更加反对妥协，更加义无反顾。

由于英国政府拒绝和解，大陆会议也开始在北美正式行使最高权力机关的职能。它发布命令：在北美全境发行纸币，筹集武器、弹药和各种战备物资，广泛招募兵员，并成立了处理军事事务的委员会，由乔治·华盛顿出任主席。

此外，大陆会议还做出了一项重要决定：将新英格兰民兵整编为大陆军，任命华盛顿为大陆军总司令。同时，因富兰克林深孚众望，对美利坚民族的事业富有高度使命感，故大陆会议委托给他多项重任，富兰克林前后担任过的职务多得数不胜数。

虽然此时的富兰克林已经是一位70岁的老人了，但在履行这些职责时，他始终不敢有半点懈怠，总是充分利用自己多年积累的丰富经验尽心尽力完成。

135

5月29日，富兰克林主持了一个委员会，以建立一个邮政系统。7月25日，他提交了工作报告，第二天便当选为邮政总长，年薪为1000美元。但这些钱富兰克林分文未取，全部用于救助伤兵。富兰克林按照他的计划建立起来的邮政系统，成为后来美国统一完整的邮政系统的基础。

7月3日，富兰克林当选为宾州公安委员会主席，在议会休会期间负责地方安全保卫工作。在职期间，他整天都忙于训练和武装平民，还曾受托设计了一种装备军队的长矛，并设计并组织在河道中铺设了17处障碍，修建了13艘武装船只。

7月13日，富兰克林又受命负责处理居住在宾夕法尼亚和弗吉尼亚以西的中部印第安人事务，并组织战争所需物资的进口。

整个8月，富兰克林的大部分时间都忙于在宾州组建国民自卫队，为战船遴选军官，为部队获取药物，并将火药从费城军火库送往纽约的公安委员会等等。

9月是富兰克林最为繁忙的一个月份之一，他先是被派往一个秘密委员会工作，进行枪用火药的进口；22日，他又成为美洲贸易委员会委员；27日，他出席美洲哲学学会的年会，并担任会议主席；30日，大陆会议选派他与两位同事前往坎布里奇，同华盛顿和新英格兰当局会谈关于援助军队作战的问题。

1776年初，富兰克林辞去了宾夕法尼亚议会和公安委员会中的职务，专心致力于大陆会议中的各项工作。同时，他还接受大陆会议的派遣前往加拿大，去争取法裔加拿大人对英属北美殖民地的援助。但由于种种原因，他们最终无功而返，富兰克林还在艰苦的长途跋涉中大病了一场。

（三）

就在富兰克林忙于为战争做准备时，北美的政局也发生了翻天覆地的变化。

自从列克星敦打响了武装反抗的第一枪之后，随着第二次大陆会议的召开，北美殖民地人民反英武装斗争便轰轰烈烈地展开了，而且斗争形势愈演愈烈，已从局部蔓延到英属北美殖民地的各个角落，很有可能发展成为一场旷日持久的大战。

随着斗争的深入发展，一个亟待解决的问题也愈加明显地摆在北美人民面前：北美人民到底为何而战？

当时，北美的大多数革命领袖都认为，与英国当局斗争的目的，就是想让英国当局放弃对殖民地的压迫政策。一旦这个目的实现了，北美就应放下武器，与英国恢复和谐的关系。

北美大多数民众也抱有大致相同的看法，他们还都将英国当成自己的祖国，认为自己是大英帝国的臣民。因此，他们积极投入反英斗争，也只是希望通过这种方式让英国政府作出让步，让北美再次恢复到1763年以前的和平状态。

但从1776年初开始，情况发生了变化。

英国国王乔治三世刚愎自用，多次拒绝北美要求和解的请愿书，并且一再扬言：要绞死殖民地的每一个叛乱首领。

秉持着英国国王的旨意，英国政府调兵遣将，将几万精锐部队运往北美，对殖民地人民进行疯狂的镇压，造成了人民生命财产的巨大损失。

北美人民渐渐看清了：英国国王是决心要用屠刀将北美人民的斗争扼杀的血泊之中，根本就没有打算再次接纳北美殖民地。

英国的残酷镇压激起了殖民地人民更大规模的反抗，各地区的爱国者纷纷行动起来，推翻了顽固的反动总督及地方议会，建立起了新的革命议会和地方政权，并开始有效地履行职责。

1776年1月，这种革命议会和地方政权已经牢固地控制了11个殖民地。至此，英国在北美殖民统治的根基彻底动摇了，北美人民独立的意识也渐渐苏醒。

1月10日，托马斯·潘恩——当时费城的一名记者——发表了他所著的《常识》一书。这本书中的内容就像一声嘹亮的号角，穿破人们思想中尚存的疑云惑雾，直贯云大，使独立的观念在整个"大陆"上不胫而走，并植入革命人民的脑海。它彻底摧毁了英王在北美人民心目中的美好形象，割断了他们对英国感情的最后一根纽带，鼓舞着他们拿起武器，义无反顾地为民族权利和国家独立而战斗。一个新的国家即将诞生。

这时，英国议会颁布了一项绝对封锁令，宣称禁止任何国家同北美殖民地进行贸易往来。消息传来后，大陆会议针锋相对地宣布：北美殖民地的港口向所有国家开放，除了英国以外。

尽管富兰克林与亚当斯、杰斐逊同为最早，也是最坚决地主张殖民地与英国决裂的会议代表，但在独立的问题上，宾夕法尼亚却落在了后面。已面临分裂的宾州代表受到保守的州议会约束，而州议会正在州政厅的另外一个房间开会。作为大陆会议的会址，费城可能会成为独立后国家的首都。因此，大陆会议决定干预该州的内乱。

5月，大陆会议通过决议，敦促尚无称职政府的各州加紧组建新政府。宾夕法尼亚人民在州政厅的院子里召开了群众大会，要求废除英王授予的旧宪章，制订新宪法，建立新的立法机构。

6月7日，弗吉尼亚代表理查德·亨利·李在大陆会议上宣读了他所提交的振奋人心的提案，宣称：

"联合殖民地是，而且有权利是自由独立的诸邦，解除对英王的一切臣属义务，因而它与大不列颠国之间的联系应完全解体。"

在一片要求独立的呼声中，大陆会议于6月10日召开会议，选举产生了一个"五人委员会"，负责起草一份关于独立的宣言。"五人委员会"成员包括杰斐逊、亚当斯、富兰克林、康涅狄格的罗杰·谢尔曼和纽约的罗伯特·R·李温斯顿。

经过协商，委员会成员一致推举学识渊博的杰斐逊作为执笔人。于是，这位年轻的弗吉尼亚绅士以气势磅礴的手笔，撰写了这份美国历史上最为重要的官方文件。

6月28日，委员会将宣言草稿提交大陆会议。

1776年7月4日，经大陆会议修改，《独立宣言》正式获得通过。8月2日，会议代表签署了《独立宣言》。

至此，自由的钟声响遍了北美大陆。它在向全世界郑重宣告：一个北美大陆脱离了英国的统治而宣告独立！

富兰克林在《独立宣言》的起草时，积极为争取黑人解放发表演说，为建立美国的民主制度进行斗争。他在指责一项有钱人才有资格当选为议员的法律时说："要想当上议员，就得有30个美元。这么说吧，我有一头驴，它值30个美元，那么我就可以被选为议员了。一年以后，我的驴死了，我这个议员就不能继续当下去了。请问，究竟谁是议员呢？——是我，还是驴？"

第十八章　与法国缔约

钱财并不属于拥有它的人，而只属于享用它的人。

——富兰克林

（一）

虽然北美人民坚定了为独立而战争的信念，但这场战争却是一场双方实力相差极为悬殊的战争。

英国号称"日不落帝国"，在世界上拥有最为广阔的殖民地。而且，它还是当时世界上唯一开始了工业革命的国家，具有最为发达的资本主义工业和农业。英国资产阶级革命成功已经有大半个世纪，君主立宪制政权强大而稳固，代表了英国新兴资产阶级和贵族的利益，继续对外推行侵略扩张政策，成为英国殖民主义者维护其殖民统治的强大后盾。

同时，英国还具有一支现代化的正规军队，装备精良，训练有素，其海军舰队更是堪称世界一流。

相比之下，此时的北美是一个刚刚诞生的弱小国家，全国总人口还不到300万。虽然已脱离英国独立，但经济上仍处于落后的殖民地经济状态，物资匮乏，兵员紧缺。刚刚组建起来的大陆军，最多时也

141

只有2万人，且武器装备十分简陋，军事素质低下，军官也缺乏作战经验。而大陆会议的职权也十分有限，只是一个带有临时中央政府性质的松散联盟，不可能对各州发号施令。

总之，此时的美国不论在经济上、军事上还是政治上，都处于明显的劣势。

自从《独立宣言》公布之后，富兰克林在大陆会议和宾夕法尼亚的工作更加忙碌了。7月18日，他与约翰·亚当斯一同起草与外国联盟的盟约草案，以便日后进行外交谈判时使用。在这期间，他还当选为宾夕法尼亚制宪会议代表，并被任命为会议主席。

7月底，在讨论建立新的联邦制国家方案中，富兰克林提出：各州代表数额应与该州人口数量与贡献多少成正比。8月初，他又提议：国会席位应按照人口的比例来分配。

这时，战场上的形势已急转直下。8月27日，华盛顿在长岛战败，虽然撤回了曼哈顿，却无法长时间守住它。这时，英国将领威廉·豪爵士趁机向美国人递交了劝降的橄榄枝。他以老朋友的身份写信给富兰克林，表示愿意"宽恕"北美殖民地的叛乱者。但是，这一举动遭到了富兰克林颇有礼貌的拒绝和驳斥。

不久，长岛失守，豪爵士又通过被英军释放的美军战俘约翰·沙利文将军捎信回来，要求就寻找解决冲突的方法进行一次私人的会晤。

但大陆会议认为，作为自由、独立的美利坚合众国的代表机构，它不能派任何成员以私人身份和英方会谈。于是，大陆会议派出一个委员会去试探对方被授予什么权力以及有什么适当的解决方案等。9月6日，富兰克林与约翰·亚当斯等人组成委员会，奉命去完成这项使命。

虽然与豪爵士的会晤是在一种很礼貌的气氛中进行的，豪爵士的态度也非常宽厚友好，但富兰克林发现，豪的权力也仅限于美国人在屈服后获得宽恕。于是，会谈并没有取得任何实质性的结果就终止了。

此后，战事愈加激烈，战局的发展令美军军民陷入空前不利的境地。面对这种险恶的局势，北美一些有识之士清楚地认识到争取外援的必要性和紧迫性，因此开始紧张地进行外交工作，希望争取到在殖民争霸中与英国结下宿怨的法国、西班牙和荷兰等欧洲列强的援助。

经过慎重考虑，9月26日，大陆会议派遣外交经验丰富的富兰克林和希勒斯·迪安出使法国。

（二）

1776年10月26日，富兰克林离开费城。次日，他登上了武装帆船"复仇号"向法国驶去。旅途中，他还像以往每次出洋时一样，每天都测量水温，研究海湾海流。12月下旬，富兰克林一行抵达法国巴黎。

大陆会议此次选择富兰克林作为出使法国的代表的确是一个英明正确的举措，因为他在法国有着很高的威望。作为一位名声在外的科学家、政论家和外交家，富兰克林早已为法国人所熟知。而他的《穷理查历书》等著作，更是成为法国家喻户晓的畅销书；他在电学方面的杰出发明，也让他成为法国科学院的院士。

富兰克林充分利用这些有利条件，在法国广泛接触各界人士，很快就赢得了法国人对美国独立战争广泛的同情和支持。在法国人心目中，富兰克林已经成为美利坚民族的象征，而美国的独立革命也成为法国人街谈巷议的重要话题。

经过富兰克林等人艰苦的外交努力，法美关系很快取得了显著进展，法国政府也开始多方援助美国。军火、物资和资金等，通过各种渠道被秘密运往美国，法国政府甚至允许美国的私掠船进驻法国港口。这些举措对美国的独立事业起到了非常有效的推动作用。

然而，个人的社会声望只是外交努力的一种措施，并不是保证外交成功的决定性因素。直到1777年之前，法国人在对待承认美国独立和与美结盟的重大问题上都采取观望态度。加之自富兰克林到达巴黎后，英国也开始加强了外交活动。英国驻法大使斯多蒙特密切地注视着法国人的一举一动，对法国向美国表示的每一点友好都提出抗议。

法国人很清楚，如果他们与美国联盟，就意味着对英宣战。但此时，法国人对美国能否在这场战争中获胜还毫无把握。此时，法国政府的想法是：即使法国参战，也必须与美国和西班牙建立牢固的同盟，共同承担对英宣战的义务。

但是，西班牙在这个问题上也是犹豫不决，畏首畏尾，这让法国人更加感到疑虑重重。因此，法国政府虽然私下向美国提供许多援助，但表面仍采取中立立场，甚至还故意做出一些姿态安抚英国人。

为了促使法国及欧洲列强尽快公开支持美国独立，富兰克林认为美国使团必须做出最大的努力。为此，这位年过古稀的老人再次拿起笔，日夜伏案疾书，为美利坚民族的独立事业高呼呐喊，他要让正义的声音传遍世界的每一个角落。

在这一时期，富兰克林陆续给法国和欧洲的许多报刊写过文章，或对时局和当权者的政策发表评论，或对英政府在美国犯下的暴行进行猛烈抨击，其中一些文章还被译成多种文字在世界各地发行，产生了深远的影响。

同时，为促使法国王室和政府尽快改变立场，富兰克林还设法同法国的贵族阶级建立起友善的关系。法国的贵族大都具有仇英心理，对自己国家在英法战争中蒙受的耻辱记忆犹新，希望有朝一日可以报仇雪恨。而现在，他们认为美国革命为他们提供了一个千载难逢的好机会；并且这些贵族厌恶法国封建腐朽的制度，他们大多思想激进，倾向革命，因而对美国独立战争怀有真挚的同情，这种态度对法国王室和政府产生了重要影响。

（三）

就在富兰克林在法国积极行动时，北美战场上的局势再次出现恶化：1777年7月，柏高英所率领的英军攻取了美国战略重镇提康德罗加；9月，豪将军又占领了费城。美国独立事业陷入空前的困境之中。

在这种十分不利的形势下，富兰克林依然镇定自若，谈笑如常，显露出一种坚定的必胜信念。但事实上，他忧心如焚。一向认为外交必须以自强为唯一基础的富兰克林已经看出，美国的独立事业正经历着它的最低点。英国的战舰几乎切断了美国与外界的通信联系，只有极少几封来自大陆会议的信中称，如果再得不到盟友的支持，他们已不知道该如何将战争继续下去了。

不过，富兰克林在对北美局势进行全面分析后认为：费城是大陆会议的所在地，它的失陷无疑会给美国人民的心灵增加重创。但从整个战局来看，英军反而从此失去了有力的态势。

这是因为，英军在1777年的总体战略是各路人马到奥尔巴尼会师，将美军分开后一一消灭，但自以为是的豪将军却擅自行动，南图费城。这不仅未能达到英军的战略意图，还造成了英军兵力的大分散。对于外线作战的英军来说，这是犯了兵家大忌。

果然不出所料，不久后，北美传来了胜利的捷报：10月17日，美军在萨拉托加的战役中取得重大胜利，缴获英军大批战略物资和武器装备。这一战役也令美军从此摆脱了军事上的劣势，从战略防御转入战略进攻阶段。

美军的萨拉托加大捷使美法间几乎陷于停顿的外交进程出现转机。富兰克林立即向法国和西班牙官方发去急信，通报了北美局势的变化。不久，法国外交官孔拉·亚历山大·热拉尔亲自到富兰克林的住所，给富兰克林带来了外交大臣维尔热纳的祝贺，建议美国使团重新起草关于美法结盟的建议书。

12月7日，富兰克林草拟了建议书，次日递给法国外交部。12日，富兰克林等人应邀与维尔热纳进行了秘密会晤，但结果却令富兰克林深感失望。因为法国人只对美国人的胜利表示祝贺，但认为在西班牙未决定介入战争之前，法国人还不能采取贸然行动。

面对这样的外交局势，富兰克林认为，不能再坐等法国方面下决心，任由他们选择结盟的时机了，因为独立战争急需盟友，前线的美军将士不能等。

"要向法国施加压力，迫使他们感到结盟的迫切性。"富兰克林开始思考。

忽然，他的脑海中闪过一个念头：

"对！这个压力只有来自英国才有效，要在英国人身上做文章！"

在美国获得萨拉托加大捷之后，英国政府也被迫改变政策，开始向美国作出和平的试探。就在富兰克林与维尔热纳见面这天，英国也派出密使文特沃思抵达巴黎，企图试探美国使团的立场。

文特沃思到达巴黎后，几天之内便与美国使团的迪安会谈了两次。文特沃思称，英国内阁同美国进行战争是被迫的，现在希望能够纠正这一错误。他们准备使英美关系恢复到1763年以前的状态，并废除自那以后的一切迫害性法令。不过，英国仍然保有对北美殖民地的商业垄断权。

迪安对此的回答是：

"美国必须独立。"

就在法国犹豫不决之时，西班牙又传来消息，称不同意与美国结盟。这让法国更加举棋不定了。

于是，富兰克林决定再给法国施加一些压力，他决定亲自与文特沃思举行会谈。

（四）

1778年1月21日，文特沃思在富兰克林的住所与这位美国外交使团的代表见面了，双方进行了长达两个小时的会谈。但在会谈过程中，富兰克林都是虚与委蛇，谈论的范围也是不着边际，所以虽然谈话涉及不少重要问题，但并没有达成任何有效的协议。

然而，这件事却在外界产生了很大的影响，因为在外人看来，长达两个小时的会谈不可能没有实质性的结果。法国人为此开始感到坐立不安了，担心英美一旦和解，就会使法国在北美的利益和已付出的努力一笔勾销。

在富兰克林与文特沃思会谈的第二天，法国国王政务会经过表决，表示赞同与美国缔结盟约。

1月8日，法国外交官热拉尔与美国使团会晤，他直截了当地问富兰克林：

"法国要采取何种措施，才能令美国拒绝接受英国人的和解条件？"

富兰克林回答说：

"立即缔结一项贸易与同盟的条约。"

听到这里，热拉尔松了一口气。随后，他以庄严的口吻宣布：

"我有权通知各位，我们的国王已经决定签订这样的条约了。"

2月6日晚，签约仪式在巴黎法国外交部大楼中正式举行，法方代表维尔热纳与美国使节分别代表各自政府签署了两项条约，第一项为《美法友好通商条约》，表示给予美国最惠国待遇；第二项为《美法同盟条约》，规定双方为共同事业互相合作，直至美国独立获得承认，并约定：

"在宣布结束战争的条约或一些条约正式保证美国独立之前，双方保证不放下武器。"

两项条约的签订，标志着法国正式站在美国的一方参加对英作战。很明显，这大大地加强了美国的革命力量，使美国在人力、财力和物力等方面都获得了巨大的援助。尤其是法国海军的参战，弥补了美国海上力量的空白，使英国在战争中丧失了制海权。

法国的参战在国际上也产生了重大影响，为此后西班牙、荷兰的对英作战以及丹麦、普鲁士、瑞典等国家打着"武装中立"的旗帜支援美国独立战争都产生了非常积极的推动作用。

可以说，美法同盟的缔结是美国在外交战线上取得的一个不亚于萨拉托加大捷一样的伟大胜利，这与富兰克林所进行的艰苦卓绝的努力是分不开的。

5月4日，美国大陆会议正式批准了《美法友好通商条约》和《美法同盟条约》，美国和法国正式结为坚定的盟友，而英国则成为他们共同的敌人。正在福吉谷兵营的华盛顿获悉这一消息后，兴奋地指出，美法结盟是一个具有决定意义的时刻，是美国人民所经历的最重要的时刻之一。

1778年7月初，在美国人民的焦急期盼中，一支庞大的法国舰队载着数千名法军在孔特·德斯坦伯爵的率领下开入美国海岸。至此，法国军队正式介入美国独立战争。

第十九章　迎来胜利的曙光

在这个世界的事务中，不是信仰拯救了人类，而是信仰的缺乏拯救了人类。

——富兰克林

（一）

美法两国建立同盟后，国际形势的发展非常迅速。法军参战后，美国人民的军事实力和取胜的信心都大大增强。

但是，美国的目的并不仅仅是获得法国一国的支持，严酷的现实要求他们必须争取到更多的国际同盟者，以完成美利坚民族独立的大业。而以富兰克林为首的美国外交使团不负众望，担负起了大陆会议赋予他们的艰巨使命，充分利用欧洲列强之间的矛盾，纵横捭阖，积极开展外交攻势，在外交战线上取得了巨大的进展。

这一时期，美国外交领域的工作可谓千头万绪，纷繁复杂，美国使团人员不仅要与各国政府和要人打交道，争取各国的同情、理解和援助，同时还要从事许多其他的工作，行使一些本属于其他政府部门的职能。比如，富兰克林所做的许多工作让他实际扮演了美国在海外的海军部长和财政部长的角色。

这期间，由于3位驻法使者都认为应由一个人担任驻法使节，美国大陆会议也开始认真考虑这件事。1778年9月14日，大陆会议投票否决了合作使团，正式选举富兰克林为唯一驻法特命全权大使。

但由于痛风病的发作，直到1779年3月23日富兰克林才参加就职典礼。随后，他以新的身份谒见了法国国王，并呈递了特命全权大使的任命书，受到了极大的礼遇。

接着，富兰克林又与各国的使臣一一相见，并拜访了王室家族。尽管这一切，加上病痛，让富兰克林感到疲惫不堪，但他还是为自己能留在法国任职而感到由衷的高兴。

此时，整个欧洲国际形势对美国都极其有利：1778年2月美法缔结同盟条约后，法国开始支援美国的独立战争；1779年，法国、西班牙结成联盟，西班牙以法国同盟者的身份在海上参加对英战争。为对抗法西联盟，英国采取海上封锁政策，拦截了中立国海上的船只，致使北欧的丹麦、瑞典和俄国于1780年发动了"武装中立"。随后，普鲁士、奥地利、葡萄牙和两西西里也先后加入对英战争中。

所有这些，都令英国在对美作战的同时，还要派遣舰队和兵力前往北海、地中海、加勒比海、印度洋去抵御法国、荷兰、西班牙的袭击。一时间，以美国独立战争为契机，欧洲各国展开了一场维护或争夺商业利益的战争，目标都是指向他们共同的敌人——英国。

在这种有利的国际形势之下，富兰克林充分发挥自己的聪明才智，展开了多方面的外交活动，为美国革命争取到了极其宝贵的经济和军事外援。

1780年，国内战场传来失利的消息，富兰克林非常焦急。同时，大陆会议再次向他发来急函，要求他马上为美国筹集大笔款项，并设法得到人员物资方面的援助。

74岁的富兰克林不顾年迈体衰，拖着久病的身体四处奔波。最终功夫不负有心人，富兰克林频繁的游说及其巨大的社会声望产生了良好的效果，法国政府同意再为美国提供一笔巨额贷款，以继续支持美国革命。

与此同时，在富兰克林的努力之下，法国国王路易十六还同意派出一支强大的远征军和海军舰队赴美作战。1780年7月，在著名将领罗尚博的率领下，一支由6000人组成的法军协同舰队抵达北美。1781年6月，另一支强大的美国舰队在最负盛名的法军上将德格拉塞的率领下开入北美海岸。美国人民的战斗力量再次获得壮大。

（二）

虽然筹到大量款项可以帮助美国度过战争危机，但事实上，筹款并不是件简单的事，富兰克林在筹款过程中遭遇到许多难以想象的困难和挫折。

当时，法国与其他欧洲国家的经济并不景气，资金匮乏成为长期以来困扰着他们的严重问题，因此他们也很难满足美国在资金方面的巨大需求。而且，富兰克林在贷款问题上还必须遵从大陆会议的指令行事，没有多少主动权，而大陆会议的筹款指示往往来得快、要得急，法国政府有自己的年度预算，他们对美国人这种毫无规律的贷款方式很反感，这就给富兰克林的借款工作带来了难度。

同时，许多法国政府要员还认为：法国已经派出了强大的陆海军部队去帮助美国人作战，这本身已是一笔巨大的开支，因此美国人不应再无休止地向法国讨钱讨物了。

此时的富兰克林，几乎是生活在一种夹缝之中，一方面急于弄到贷款，一方面又要面临办事拖沓且资金紧缺的法国官方，这让富兰克林的筹款工作举步维艰。其实富兰克林也知道，战争的确需要大量的经费和物资，但贷款也需要有一定的节制和计划性，不能毫无章法地进行，这既会造成巨大的浪费，也会招致同盟国的不满，影响彼此的合作关系。

尽管面临极大的困难，心中也有不少不满和牢骚，但为了国家和民族的解放事业，富兰克林还是毅然将个人尊严放在一旁，坚定地承担起为大陆会议筹集资金和物资的任务。在富兰克林的努力下，从1776年至1781年，法国先后援助美国近1000万里弗尔，贷款额高达3000万里弗尔。同时，法国还向美国提供了大批的大炮、弹药、枪支、帐篷、衣物和药品等。此外，西班牙、荷兰等国家也向美国提供了许多贷款和物资。

虽然个人的尊严可以放在一边，但在原则性问题上，富兰克林却从未向任何人或任何国家屈服过。在他的心中，国家的主权和民族的尊严是神圣不可侵犯的，在这方面永远不能退让。比如，在与西班牙就结盟问题进行谈判时，西班牙提出以获得对密西西比河的控制权作为结盟的条件。对此，富兰克林断然拒绝。他后来在给朋友的一封信中对这件事这样评论说：

"我对这个要求感到厌恶。我们现在是很穷，但我相信我们将会富有，我宁愿花大价钱买下他们对密西西比河的全部权利，也不愿去卖掉这条河中的一滴水。"

到1780年下半年到1781年，美军在战场上取得的胜利以及盟国远征军的到来，大大增强了美国人民的战斗实力，战场上的力量也发生了根本变化，进行战略反攻的时机已经成熟。

经过一番精心的策划，美法联军决定将最后的决战地点选在弗吉尼亚的约克镇。1781年9月28日，华盛顿将军下达总攻命令，经过10天的残酷战斗，英军伤亡惨重。在走投无路的情况下，英军将领康沃利斯将军被迫于10月17日率众向美军投降。

约克镇战役是美国人民在独立战争中取得的最为辉煌的一次胜利，它意味着：英军主力在北美战场上已经全面瓦解。自此以后，英军一蹶不振，几乎停止了一切重大的军事行动。战争的胜利让美国人民欢欣鼓舞，他们已经从中看到了独立战争胜利的曙光。

在接到约克镇大捷的消息后，富兰克林异常兴奋，他马上将这一消息用自己发明的印刷机印刷出来，分发给各界的朋友们。同时，职业的敏感也让富兰克林意识到：这是一个通过外交手段结束战争的大好时机。

但在最初阶段，富兰克林与英国人接触时的态度还是十分谨慎的，原因主要有两个。首先，在1778年美国与法国签订盟约时规定，未经法国允许，美国不能单独与英国谈和，故此富兰克林认为美国人不能在这个时候撇开法国人与英国人谈和解的事。所以，当一位一贯主张英美和解的英国友人向富兰克林试探性地提出停战议和的建议时，富兰克林当即回信表示：在英国与法国的争执尚未解决前，美国不会考虑这种建议。

其次，富兰克林对英国内阁及其主要成员在战争中的卑劣行径深恶痛绝，认为他们是导致这场战争爆发的罪魁祸首，因此在议和问题上也不能对他们抱太大希望。

但不久，富兰克林的这种态度就发生了根本性的转变。

从1781年到1782年间，战争开始变得日渐复杂起来。英军虽然遭受多次重创，但依然占据着纽约、长岛、佐治亚和南北卡罗莱纳的大部分地区。美法联军虽然取得了一定性的胜利，但还无法完全控制战争的主动权，彻底消灭英军主力。

在这种情况下，各交战国都希望在谈判桌上捞到自己在战场上捞不到的东西。在这场激烈复杂的外交斗争中，富兰克林也越发清楚地发现：美法之间在根本利益上存在着很大的差异，法国并不是出于对美国的同情才参战，而是为了夺取更多的殖民利益。因此富兰克林认为，美国的根本利益要求他必须马上进行有效的外交活动，在确保美国独立和主权完整的情况下，停止战争。

1782年7月初，英国内阁发生更迭，曾主持废除《印花税法》的罗金厄姆侯爵出任首相，与富兰克林关系密切的谢尔本爵士出任殖民地事务大臣，福克斯负责外交业务。富兰克林认为，进行和谈的时机已经成熟。

（三）

1782年7月9日，在英国一再要求和谈的情况下，富兰克林向英方提出了一份谈判备忘录，其中有4项他认为是"必要的"条款：

一，美国获得完全彻底的独立，英国应从美国撤走全部英军；

二，划定独立诸州与效忠于英国的殖民地之间的疆界；

三，限制加拿大的边界；

四，美国有在纽芬兰沿岸捕鱼的自由。

另外，富兰克林还提出4项具有建设性的建议，包括全部割让加拿大等内容。

除个别条款之外，这份备忘录大致构成了英美最后达成协议的基本条款。同时这件事也表明：富兰克林已经不顾国会的指示（根据联邦国会指示，美国使团不得在未经法国同意的情况下与英国达成协议），决定与英方单独谈判了。不过，富兰克林也没有撇开法国人，仍然与法国官方保持亲密的关系。

8月初，英国内阁传来消息：英国可以马上承认美国独立，但希望富兰克林取消其4项建设性建议，以4项"必要的"条件作为和谈基础。

不久，富兰克林的膀胱结石病发作了，无法进行正常的工作，此后两个月的谈判工作主要由他的助手杰伊承担。杰伊和亚当斯一向对法国和西班牙存有戒心，认为它们只想谋求自身利益，根本不顾美国的利益，因此坚决主张完全抛开法国单独与英国谈判。最终，富兰克林接受了他们的意见。

谈判进行得异常艰难，直到11月30日上午，英美双方的和谈代表才共同签署了英美和谈草约。

英美和约给美国带来了巨大的好处，它承认美国完全独立，并给予这个国家非常广阔的疆域，因此这一和约在美国受到了极其热烈的欢迎。

然而，和约是在违背美法同盟条约的情况下，背着法国人签订的，法国人对此是否满意？而且，此时美国还急需大量的贷款，如何与法国人进行这难以启齿的交涉呢？这些难题又留给了富兰克林。

在和约签署后，富兰克林马上向维尔热纳通报了此事，并将草约的副本呈送给维尔热纳。几天后，富兰克林又亲自礼貌地上门拜访维尔热纳，详细地向他介绍了和谈的情况。富兰克林的这一举动虽然未能平息法国人心头的愤怒，但也算是对其的一种安抚。

然而几天后，当富兰克林再次提出贷款的请求时，维尔热纳终于发作了。他愤怒地给富兰克林写了一封信，称美国人"在和谈中甚至不问及我们这边谈判的情况，就要实现美国的和平……你是聪明而谨慎的，应该完全懂得什么是得体。你把自己的一生都用于履行自己的职责，我想请你考虑，你如何完成该对法王所尽的义务？"

两天后，富兰克林给维尔热纳回了一封他一生中最为著名的外交信函。在信中富兰克林写道，他认为那一协议本身只是临时性的，它的最后签订有待于英法和约的签订。至于匆匆完成的预备性文件，"在它签订之前没有征求你们的意见，我们有错，错在忽视了'得体'的问题。但是，由于这一切并非由于对我们所热爱并尊崇的国王缺乏敬意，我们希望它能得到谅解。而至今进行得如此愉快的伟大工程，已经接近完成……不应为了我们的一处不慎而使之毁于一旦。当然，如果你们因之而拒绝继续给我们以援助，那整座大厦将坍塌无遗"。

富兰克林告诉维尔热纳，他和他的同胞是如何爱戴和尊敬法王，然后他又转笔写道：

"我刚听说，英国人夸口说他们已经成功分裂了我们。诚然，他们这样做了，但法国和美国仍然是忠实地团结在一起反对英国的，所以，这一小小的误会将成为秘密，而他们将发现他们自己大错特错了。"

看到这位哲学家的回信，法国外交大臣维尔热纳不禁微笑了。不久，他就批准了给美国人的一笔巨款。

事实上，法国人对英美和约一事作出这种温和的反应是可以理解的。从法律意义上来说，该和约要等英法之间真正实现和平之后才能生效，这显然是出自美方代表的努力，表明美方在处理这一重大外交问题上已经考虑到法国盟友的感情和利益了。

其次，法方并不想因为此事将美法关系弄僵，从而损害已经付出巨大代价建立起来的美法同盟关系。如果这样做，那么受益的只能是美国和法国的共同宿敌英国。

就这样，富兰克林施展了他那卓越的外交才华，美法关系中一度出现的危机很快就烟消云散了。

1783年9月3日，英美双方代表在巴黎正式签署了和平条约。同一天，英法和约也在凡尔赛签署。美国人民，乃至整个欧洲人民期待已久的和平终于实现了，独立战争以美利坚民族的胜利正式宣告结束。

第二十章　英雄的暮年

成功与失败的分水岭，可以用这五个字来表达——我没有时间。

——富兰克林

（一）

1785年5月2日，托马斯·杰斐逊被任命为美国驻法公使，富兰克林多次提出的回国申请终于获得了国会的批准。

为了表彰富兰克林为增进美法友谊所做出的贡献，法国政府特向他赠送了一座镶满钻石的法王塑像。

7月25日，富兰克林一行乘坐的"伦敦"号邮船起锚了，富兰克林永远地离开了虽然不是祖国，但却让他留恋至深的欧洲和那里的一切。

这或许是富兰克林一生中最快乐而忙碌的一次航行了，他认为自己的公职生涯已经结束，从此可以回归自然，专心致志地从事他钟爱的科学事业了。因此，此次航行富兰克林完全是在科研和写作中度过的。他每天测量气温和水温，认真地观察海潮、风暴、墨西哥湾流和航行于海面上的各种船只，并写了《海上观察》一文和几篇科学小论文。

9月14日，出使欧洲近9年的富兰克林终于回到了他日夜思念的故乡费城。同胞们倾城而出，用最隆重的仪式和最高的礼遇迎接这位功勋卓著、享誉世界的费城骄子。富兰克林刚一进入费城，钟声和礼炮声齐鸣，整个城市都被淹没在鲜花和彩带的海洋之中。这种热烈的场面让富兰克林热泪盈眶，激动之情无法言表。

此时的富兰克林已经79岁了，痛风病时时折磨着他，他的身体和精力都大不如前。他想从此退出政治舞台，在读书、写作和研究中安享晚年。然而刚回家不久，他的计划就被打乱了。

从富兰克林9月14日抵达费城后还不到一个月，便是宾夕法尼亚州议会选举的日子。10月11日开始选举，17日选举结果揭晓，富兰克林被选入州参事会。第二天，他又被选为参事会主席。10月29日，富兰克林又被州议会、参事会联合选为宾夕法尼亚州州长。31日，富兰克林宣誓就职。

富兰克林在宾夕法尼亚州的执政是从11月11日向议会提出建议开始的，而建议的内容是修改"试行法"。"试行法"是按立宪派的主张于战争期间在州议会上通过的。它规定，任何人在就任公职、选民参加投票之前，都必须宣誓忠于宪法。但富兰克林认为，当时通过这一法令是出于领导战争的需要；而现在战争已经结束，权利应归还给人民。因此，他提议必须废除这一时令的法律。

12月15日，一项废除"试行法"的议案提交到议会，引起了激烈的争论。但由于废除这一法令已成为广大人民的要求，而且富兰克林又对此施加了巨大的个人影响，1786年3月，该法令被废除。

9月，议会又就修改宾夕法尼亚州刑法的问题展开了讨论，并在富兰克林的指导下对刑法进行了重大修改。

宪法和刑法的改革在宾州是一件顺应民意的大事，不仅让宾州的政治更加公正开明，法律制度更加完善，还让人民的基本权利获得了进一步的保障。

虽然考虑和处理州和国家的大事占去了富兰克林大部分的时间和精力，但他仍然对科学事业有一种难以割舍的感情，常常忙里偷闲做一些力所能及的研究工作。1785年夏，他在美洲哲学会上宣读了返美途中写的《海上观察》一文，其中许多发现都引起了与会者的浓厚兴趣。

1786年初，富兰克林又设计制造了一种人工手臂，可以用其将书籍、物品等从高处取下来，商店的店员也能用它取下高处的货物。

晚些时候，他还发明了两种多用椅子，一种是可以折叠起来做梯子用的折椅，另一种椅子上装有摇动器和大扇子，可以用脚轻轻一动，就能为坐在上面的人扇风。

相对于战争时期而言，富兰克林返美后的这段生活是平静而充实的。他原本想就此从政坛退隐，安心在故乡度过晚年。然而，他的故乡不能独享他的名气和精力，和以往一样，他的国家又在召唤他了。

（二）

美国独立战争结束后，美国有了一个比较安定的生存环境，经济也开始走向复苏，人民也渴望安居乐业，这个百业待兴的新生共和国充满了生机和朝气。

但同时，在《联邦条例》下建立起来的新的国家体制还存在某些严重的缺陷。由于中央权力极小而州的权力过大，各州就如同一个个独立的主权国家，令整个邦联俨然成了一个由13个主权国家组成的松散联盟。在这种体制下，国家内部也出现了许多无法解决的矛盾和问题。于是，建立一个更强有力、更加集权的政府的要求被提出来了，而这样就需要一个新的宪法。

1787年3月28日，富兰克林当选为制宪会议的代表。5月14日，制宪会议在费城召开。

在制宪会议的开始两周中，各州代表都纷纷发表意见，气氛紧张而热烈。而较大的州在有些小州的支持下，得以通过在国家议会两院中均以人口决定代表席位的提案。对此，小州马上又表示不满，坚持他们在邦联制下所享有的同等权力。双方为此争执不下，斗争愈演愈烈。

6月11日，富兰克林就这一问题进行了第一次发言，他要求代表们停止争吵，应就具体问题心平气和地进行磋商。

富兰克林的发言暂时平息了代表们的争吵，会议进入建设性的协商阶段。

制宪会议每天要开会4—7个小时，是在严格保密的情况下进行的。由于正值暑热季节，室内空气和卫生条件都非常不好，但包括富兰克林在内的与会者始终以饱满的热情全神贯注地商讨这件关系祖国千秋大业的事情。

会议整整开了16个星期，于9月17日结束，代表们终于为国家的未来勾勒出一幅宏伟蓝图。

9月17日这天，是最后签署宪法的日子。在秘书准备好文件后，富兰克林起身发言。他说：

"我承认，这一宪法中的几个部分我目前还不赞同，但我不能肯定我永远不会赞同。因为活了这么久，我经历过许多事情，那是关于在得到更好的信息或经过更充分的考虑后改变看法的事实，即使是在重大的问题上也是如此。往往我以为是正确的，但却发现是另外一回事。所以，我年纪越大，就越怀疑自己的判断力，而注意他人的判断。……

"以这样的观点，先生们，我同意这个宪法，连同它的一切缺陷……总之，先生们，我不禁表达了一个愿望，希望制宪会议的每一位成员（他可以对它还有反对意见）和我一道，在此时此刻……在这一文件上署名，以表明我们的一致。"

然后，富兰克林动议签署宪法，并十分庄重地在宪法文本上签上自己的名字。

随后，代表们也陆续在文件上签字。当最后一批代表签字的时候，富兰克林凝视着雕刻在华盛顿座椅上的半轮太阳，语重心长地说：

"在这次会议当中，我对会议的结果时而充满希望，时而又忧心忡忡。我总是一次又一次地凝视着主席座椅上的那半轮太阳，却无法说出它究竟是在上升还是在降落。但现在，我终于有幸得知，那是一轮喷薄东升的旭日，而不是一轮冉冉西下的残阳。"

富兰克林终于充满信心地将美国的这部宪法比喻为东升的旭日了，他参与了将这轮红日托出海面的重任。这是他的老迈之躯为他所热爱的国家作出的最后一大贡献。

次日上午11点，宾州代表出现在州议会会场上，富兰克林向议长发布了联邦宪法签署了的消息。联邦宪法在宾州获得批准。

与此同时，一个争取宪法批准的运动在全国各地也紧锣密鼓地开展起来，至1788年11月，北卡罗来纳州最后一个批准宪法，制宪运动终于在全国取得胜利。

富兰克林在9月17日关于宪法的讲话后来被人不顾会议保密的规定而将它印发了，有人认为，这篇讲话的调子过于低沉，就像是一份沉痛的离开政治生涯的告别辞。

的确，不论其内容如何，从富兰克林的生活历程看，它确实属于富兰克林告别政坛的临别演说。

（三）

制宪会议结束后，富兰克林再次回到家乡那喧闹的政治生活当中。1787年的10月31日，富兰克林再次以全票当选为宾夕法尼亚州州长。就在这一时期，他生命的航船也驶入了最后的行程。

当选州长后不久，富兰克林就病倒了。这次发病虽然并不突然，但却迟迟不能痊愈。此后，富兰克林就很少参加行政会议了。

1788年1月的一天，富兰克林在花园散步时不慎跌倒，而且摔得很厉害。从那时起，他就没有再出席行政会议。

1788年10月14日，富兰克林卸去州长职务，从此结束了他长达60年的政治生涯。

虽然富兰克林对以后再也不问政事感到很欣慰，但同时他也清醒地发现，沧桑的岁月和艰苦的工作已经严重侵蚀了他的机体，他的精力已大不如前，生命之火也不会燃烧太久了。为此，富兰克林抓紧时间完成两项重要的工作：写遗嘱和完成他的自传。

1788年夏秋时节，富兰克林写下了他的遗嘱，并进行了公证。这份遗嘱是富兰克林经过长时间的周密思考和反复修改之后做出的，主要是如何处理他身后遗留下来的20万美元的遗产问题。

在这份遗嘱当中，他的所有亲属几乎都得到了丰厚的馈赠。而为了推动科学和教育事业的发展，他还专门从遗产中拨出一部分赠给图书馆、美洲哲学会、波士顿美国艺术科学学会和宾夕法尼亚医院。同时，他还为波士顿的几所免费学校设立了一个基金，要求用其利息制作银质奖章，颁发给那些品学兼优的学生。

另外一件事就是完成他的自传。富兰克林的自传大致分为4个大部分，前两部分早已有了手稿，内容主要涉及他的家庭、成长经历和早年的坎坷生涯等。

完成了前半部分的内容后，富兰克林便尽量抽时间写第三部分。到他卸职时，第三部分大约写了四分之一。当时他认为，再有两个月的时间就可以全部完稿了，然而由于结石病发作，剧烈的疼痛折磨得他寝食难安，他只能依靠少量的鸦片才能勉强止痛写作。这样，他每天只能写很少的内容，直到1789年冬天才陆续将第三部分写完。

最后一部分的写作工作是富兰克林在生命的最后半年中忍受着剧烈的疼痛完成的。此时，他已经病得坐不起来了，只能躺在病榻上口述，由外孙笔录。

富兰克林人生的最后一段时光一直都是在疾病的煎熬中度过的。从卸职之前开始，结石病和痛风病就不时地交替发作，让他痛苦不堪。为了缓解疼痛，医生给他服用了大量的鸦片，结果又引起了巨大的副作用，让他几乎丧失食欲和睡眠的功能。

到1789年末，富兰克林基本已失去了生活自理能力，日夜缠绵在病榻之上。但即便如此，富兰克林仍然没有放弃自己一生热爱的那些事情：读书、研究、写作。与其说是一种精神力量支撑着他这样做，倒不如说是这些事情已完全融入了他的生活方式，成了他生命中不可或缺的要素。

富兰克林人生的最后一个冬天是在亲人们的环护中度过的。他的孙女黛博罗每天喝过茶就来陪伴他，给他读书、读报。

1790年3月初，杰斐逊在赴联邦政府国务卿之任的途中，特意前往费城探望了富兰克林。此时的富兰克林已经病入膏肓，在见到杰斐逊后，他十分激动。为了表达对杰斐逊的深情厚谊和殷切希望，富兰克林将自己的一部手稿赠送给他，并一再叮嘱"不必归还"。

杰斐逊怀着虔敬的心情收下了这份珍贵的手稿。这样，他也成了除富兰克林家族之外唯一享有保管富兰克林手稿这一殊荣的美国人。

杰斐逊到纽约就任国务卿后不久，就收到了富兰克林的一封来信。这也是富兰克林生前发出的最后一封信，写于他去世的前9天。

1790年4月17日这天，富兰克林忽然自己起了床，请人帮他整理一下床铺，称这样做可以让他死得像样些。女儿萨拉·富兰克林听后悲上心来，告诉他说，她要他好起来，再活许多年。

但富兰克林平静地告诉他们，他不希望这样，他已经听到了上帝的召唤，等待着最后时刻的来临。

就在这天夜里11点，富兰克林在亲人的环绕下溘然逝去，享年84岁。

4月21日，费城人民为富兰克林举行了隆重的葬礼，有2万多人参加了出殡队伍。码头上的船只下半旗志哀，教堂钟楼里哀钟长鸣，向富兰克林最后致敬作别的礼炮声听起来也格外沉重。

4月22日，参议院决定为富兰克林的逝世服表一个月，以示哀悼；6月11日，在巴黎国民议会中，米拉波动议各国应为富兰克林先生的逝世哀悼3天，议员纷纷鼓掌通过……

本杰明·富兰克林就这样走完了他人生路上的84载春秋，然后静静地躺入教堂院子里的墓穴中。而他的墓碑上只刻着7个字——"印刷工富兰克林"。

富兰克林生平大事年表

1706年 本杰明·富兰克林出生于北美马萨诸塞州波士顿城一个小商人家庭。

1714年 进语法学校学习。

1716年 中断学业，帮助父亲在家庭店铺中工作。

1718年 进入其兄詹姆斯的印刷所学徒，从事印刷业。

1721年 开始匿名向《新英格兰报》投稿，并担任过该报的临时编辑。

1723年 毁学徒契约，徒往费城，成为一名印刷工。

1724年 为独立开业赴伦敦居19个月，继续当印刷工。

1726年 返回费城，先做一家杂货铺的店员，后又到印刷所工作。

1727年 创办"共读社"，研究社会科学、自然科学的各种问题。

1728年 与好友合开印刷所。

1729年 创办《宾夕法尼亚报》；出版了《试论纸币的性质和必要性》。

1730年 和德布拉·里德结婚。

1731年 创办费城图书馆。

1732年 出版了《穷理查历书》创刊号。

1736年 担任宾夕法尼亚州议会文书，组建费城联合救火队。

1737年　就任费城邮政局长，改革费城警务。

1743年　女儿萨拉出生。

1744年　创办"美洲哲学学会"，自任秘书。

1746年　发表《平凡的真理》，组建费城的国民自卫队。

1747年　通过各种电学实验，在电学理论上作出重大突破。

1748年　当选为宾夕法尼亚州议会议员。

1749年　创办费拉德尔菲亚学院。

1751年　帮助创办费城医院。

1752年　在雷雨天气做电风筝试验；发明避雷针。

1753年　因电学研究成果获英国皇家学会的科普利金质奖，被推举为皇家学会会员；被耶鲁大学、哈佛大学授予硕士学位。

1754年　作为宾州代表出席在奥尔巴尼召开的殖民地代表会议，提出著名的"奥尔巴尼联盟计划"。

1755年　任费城国民自卫军指挥官。

1757年　作为宾夕法尼亚州议会代表赴英请愿，反对业主在殖民地的免税特权。

1759年　被安德鲁大学授予荣誉博士学位。

1760年　通过努力使英国王室枢密院决定，殖民地业主的产业必须同样纳税。

1762年　被牛津大学授予民法博士学位，同年返回费城。

1763年　巡视北部殖民地邮政，开始改革邮政。

1764在　作为宾夕法尼亚州议会代理人赴英请愿，反对业主劣政。

1766年　在英国下院为废止印花税事答辩，促进了印花税法案的废除。

1767年 初次旅法，受到法王接见；受命再任宾州议会代理人；开始筹划实现美洲殖民地西部领土计划。

1768年 担任佐治亚州议会代理人。

1769年 担任新泽西州议会代理人，再次访法。

1770年 担任马萨诸塞州议会代理人。

1772年 当选法兰西皇家科学院"外国会员"。

1773年 发表《普鲁士国王赦令》等文章。

1774年 "哈金森信札"事发，被解除北美邮政总代理之职，开始与英国政要共同作调和英美矛盾的努力。妻子德布拉逝世。

1775年 返回费城，当选为北美殖民地第二次大陆会议代表；担任宾州治安委员会委员；起草宾州宪法。

1776年 参加起草《独立宣言》，宣言通过后，任美利坚合众国邮政总长；当选宾州制宪委员会主席；奉大陆会议派遣出使法国。

1778年 缔结《美法友好通商条约》和《美法同盟条约》。

1779年 受命任驻法全权大使。

1781年 成为波士顿的"美洲科学艺术学会"会员。

1783年 英美缔结《巴黎和约》，英国正式承认北美13个州独立。

1785年 返回美国，当选宾州州长（1785—1787年三年连任）；发明高架取书器；重续自传。

1787年 参加联邦宪法会议，促成宪法通过。

1788年 退出政治生活，立遗嘱，继续完成自传。

1790年4月17日 本杰明·富兰克林在费城病逝，享年84岁。

富兰克林刚刚到英国时，在一个印刷所工作。印刷所的工人大多是酒鬼，他们认为喝酒可以增长气力。但富兰克林却不同，他认为节制饮食能使人头脑清醒、思维敏捷、提升效率，所以他不仅不喝酒，还是个素食主义者，于是工厂里的英国佬都嘲弄他是"喝水的美洲人"。尽管喝水不喝酒，但富兰克林还是特别努力，排字速度也最快，因此他的工资也比其他工人高得多。